AF467602

LA DÉMOCRATIE C'EST L'INCONNU

J.-B. GROS, IMPRIMEUR DES TRIBUNAUX
RUE DU FOIN-SAINT-JACQUES, 18.

LA DÉMOCRATIE C'EST L'INCONNU

PAR

M. Alphonse JOBEZ

Auteur d'UNE PRÉFACE AU SOCIALISME

> Je sais bien que la société se reposera un jour calme et tranquille à l'ombre des conquêtes qu'elle aura faites; mais ce que j'ignore, c'est le nombre des générations destinées à disparaître dans la lutte.
>
> PAGE 63.

PARIS

COMPTOIR DES IMPRIMEURS-UNIS

— COMON —

QUAI MALAQUAIS, 15

1849

L'époque où nous vivons offre le spectacle de singulières défaillances. Les hommes les plus éminents, jetés tout à coup au milieu des tendances hostiles d'une société dont les liens sont momentanément brisés, se tournent avec anxiété vers le passé, et, au lieu de chercher à deviner l'avenir parmi les idées étranges qui se font jour, ils vont jusqu'à méconnaître les aspirations du monde où ils vivent. Cette préoccupation du passé qui se manifeste clairement dans les actes et les ouvrages de nos anciens hommes d'état, a rempli leur esprit d'étonnantes illusions. Ils s'imaginent qu'après s'être élevés en guidant leur pays dans sa marche ascendante, ils retrouveront leur puissance lorsqu'ils voudront l'arrêter, et ils confondent le pouvoir d'organisation départi à l'homme avec la puissance de création qui lui a été refusée. Les évènements auxquels nous assistons ne sont que la conséquence de notre passé; pourquoi le nier? Nous allons, dites-vous, à l'inconnu. Qui le conteste? mais vous, directeurs éphémères de la société, n'avez-vous pas vous-mêmes marché vers l'inconnu, puisque vous tremblez devant les suites de vos propres œuvres, puisque vous voudriez les détruire? Le passé est fermé, l'avenir seul est ouvert. A l'inconnu donc; quelle que soit notre résistance, quels que soient nos regrets, nous y glissons fatalement.

I

CHAPITRE PREMIER.

LA DÉMOCRATIE.

Si j'ouvre le dictionnaire au mot *Démocratie*, j'y lis : La démocratie, c'est le gouvernement d'un peuple par lui-même. Partant de cette définition, je me demande : Quand , abstraction faite de la théorie, a-t-on vu un peuple se gouverner par lui-même? Est-ce dans les temps antiques, dans ces Républiques où la population turbulente d'une ville se précipitait sur la place publique pour décider du sort de l'État, laissant dans les champs ou dans les bourgs une foule immense d'hommes privés de toute espèce de droits politiques? Peut-on appliquer le mot de démocratie à la République athénienne, malgré ses esclaves; à la République de Sparte, malgré ses Ilotes? Non, ces gouvernements n'étaient que des oligarchies, des oligarchies hiérarchisées, je le veux bien; mais enfin ce n'étaient pas des démocraties.

Sortons du monde des rêves, laissons les théories, tenons-nous-en aux faits, et demandons-nous ce que c'est qu'une oligarchie. Une oligarchie, c'est une réunion d'hommes, plus ou moins nombreuse, superposée à la masse du peuple, occupant toutes les fonctions publiques, et faisant jouer entre ses mains tous les rouages du gouvernement d'une nation. Un des caractères principaux de l'oligarchie est de former une espèce de caste jalouse de ses priviléges, jalouse de ses droits, ouvrant avec peine ses rangs pour y laisser pénétrer, à de rares intervalles, un homme né hors de son sein. Ces caractères ne s'appliquent-ils pas à tous les anciens gouvernements ? Parcourez, depuis l'antiquité la plus reculée, l'histoire de cette longue série de monarchies et de républiques qui se sont succédé jusqu'au monde moderne ; prenez pour point de départ l'homme primitif, le sauvage ; descendez dans le cœur de ces civilisations de l'Égypte, de la Grèce et de Rome, berceau de notre civilisation; suivez-les à travers les âges ; voyez-les se généralisant, s'épurant, se transformant, vous y trouverez toujours une caste à la tête de la société, caste immobile, vivant d'une vie à part, de la vie de secte. Plus les générations descendent le courant des siècles, plus cette oligarchie s'étend, plus ses rangs s'élargissent, plus les lignes de démarcation entre les hommes qui gouvernent et ceux qui sont gouvernés, s'effacent. Les théories de la démocratie, exposées à de rares intervalles dans les livres de quelques penseurs, se multiplient, se vulgarisent par la forme, par la hardiesse des aperçus. La nation soumise et opprimée se dresse; son avant-garde se montre déjà; le vertige s'empare des oligarques; ils n'ont plus foi en eux-mêmes, plus foi en leur mission; leur orgueil n'est plus que de la vanité, leur gouvernement que de l'impuissance; la vieille société est brisée, le monde rêvé par Platon s'avance sur la tombe de ce grand génie fermée depuis plus de vingt siècles. Une société nouvelle, devant qui s'ouvre l'avenir, qui ne puise ses traditions que dans les théories des précurseurs de l'humanité, a fait son apparition; elle est pleine de sève, pleine de vigueur.

Elle avait besoin pour prospérer de s'élever,

comme l'épi doré de nos champs, sur une terre fécondée par les riches débris de tout ce qui a reçu vie avant elle, et d'enfoncer ses fortes racines dans le terreau des anciennes civilisations.

La démocratie n'est et ne pouvait être qu'un fait tout moderne. Elle ne pouvait se produire qu'au milieu d'un monde non-seulement prêt à la recevoir, mais constitué de manière à lui donner forcément naissance. Si, planant par la pensée sur les civilisations antiques, aujourd'hui ensevelies dans la poussière qui baigne les ruines de leurs édifices, vous évoquez les morts, vous les conviez à repeupler ces rues dont vous reconnaissez les vestiges, ces champs d'où leurs travaux ont disparu sous les richesses d'une végétation puissante, que verrez-vous? vous verrez l'homme de la campagne vivant solitairement à côté des fruits divers qu'il arrache à la terre, étranger aux villes ou n'ayant avec elles que des relations bien rares, et le plus souvent au moyen d'intermédiaires. Si vous pénétrez dans l'intérieur du pays, vous trouverez que le nom même de la ville est presque inconnu ; il n'apparaît plus à des hommes incultes qu'entouré du prestige qui s'attache toujours aux choses lointaines. La vie intellectuelle est renfermée dans les cités. Là, se pratiquent les arts de toute espèce ; là, la pensée de l'homme en travail cherche tout ce qui peut satisfaire ses désirs raffinés par la culture de son intelligence ; là, s'étale le luxe si vivement et si vainement combattu par quelques philosophes, le luxe artistique qui est à la fois et le cachet d'un esprit éclairé et le moteur d'une civilisation en progrès.

Si vous entrez dans les détails d'une pareille société, concentrée dans les limites d'une ville ; si vous pénétrez dans les demeures des habitants, vous voyez toutes les inventions destinées à rendre à l'homme la vie plus douce, à exciter son imagination, à l'enchanter par des beaux rêves, renfermées dans quelques palais. Le luxe n'existe dans ces sociétés qu'à l'état d'exception, il ne fait qu'en couronner la surface, et cela se conçoit ; car ces beaux tissus, ces couleurs brillantes, ces vases si habilement ciselés, ces statues, ne s'obtiennent qu'au prix de durs et longs travaux. L'or qui a fourni la matière de ces belles coupes, est rare, la couleur pourpre s'obtient avec peine, les voyages sont dangereux, les espaces parcourus peu considérables ; partout la nature offre des obstacles que l'homme n'a pas encore abaissés. Les civilisations antiques ne sont que de rares oasis jetées çà et là sur la surface du globe, comme spécimen de la puissance de l'esprit humain. La véritable civilisation n'existe au milieu même des anciens peuples que pour quelques familles ; ce sont quelques familles qui revêtent ces tissus si renommés que leurs noms sont parvenus jusqu'à nous ; c'est par quelques familles qu'ont été élevés ces monuments qui se dressent encore sur les rives des fleuves et les bords de la mer ; ce sont quelques familles enfin pour lesquelles de grands philosophes ont pensé, de grands artistes ont travaillé. Les barbares ont envahi ces foyers isolés de l'intelligence humaine, ils en ont rapporté des étincelles qui ont éclairé quelques hommes d'élite, et il s'est formé partout, au milieu des peuples, des points illuminés par ces rayons dérobés sur des rivages lointains. La civilisation s'est plus d'une fois couchée dans son berceau changé en cercueil ; mais elle s'est affaissée, comme l'arbre creusé par les années, en répandant loin d'elle des semences fécondes. Ces semences ont germé, les hommes se sont peu à peu rapprochés par la pensée, ils ont tracé autour d'eux des cercles qui se sont agrandis sans cesse, jusqu'à ce que, atteignant les limites d'un État, ils aient enceint toute une nation et posé ainsi les bases sur lesquelles devait fatalement s'élever une démocratie.

Oui, il fallait qu'il s'opérât un bien grand travail dans le monde, pour que la démocratie pût, non-seulement se fonder, mais rassembler tous les éléments nécessaires à sa vie. Sur quoi, chez les peuples anciens, aurait-elle pu s'asseoir ? Les campagnes, isolées par les obstacles que la nature opposait aux communications, restaient forcément barbares ; le luxe des villes — et quand je parle de luxe, je parle de tout ce qui sert à raffiner la vie, — le luxe des villes laborieusement, péniblement produit était difficilement accessible ; il ne pouvait exister dans ces temps antiques d'autre égalité que celle de la misère.

Aujourd'hui les obstacles de la nature semblent disparaître devant l'homme ; les rivières couvertes de ponts n'offrent plus que des canaux destinés à transporter les produits du sol et de l'industrie ; la vapeur mêle en quelques heures les populations les plus éloignées ; les pensées, gravées sur le papier par l'imprimerie, circulent en tous sens ; les hommes se pénètrent, se jugent, se comparent sans cesse.

Aujourd'hui les riches étoffes, les statues, les coupes dorées présentent partout et en tous lieux l'image de la richesse, l'image des mêmes besoins satisfaits. Promenez vos regards dans les appartements somptueux des heureux de ce monde, admirez ces magnifiques porcelaines envoyées des rivages de la Chine, ces bois admirablement sculptés, cette riche argenterie, touchez ces étoffes aux couleurs éblouissantes, tissées dans l'Inde, eh bien ! tous ces produits, tribut du monde entier, reparaissent sous la même forme dans les appartements les plus humbles. Les beaux vases du Japon frappent vos yeux, imités par l'art du cartonnage ; le métal le plus grossier, recouvert d'une couche d'or et d'argent, simule ces richesses que vous avez admirées ; l'art du moulage multiplie à l'infini les plus magnifiques sculptures, et les femmes les plus modestes couvrent leurs épaules de tissus à dessins brillants qui rappellent les produits les plus estimés de l'Inde.

Richesses matérielles, richesses intellectuelles, tout, dans nos sociétés modernes, tend à se généraliser. Les sens de l'homme, aiguisés par le développement de son intelligence, par les objets qui frappent sans cesse ses regards, ont multiplié ses besoins, et la rotation continuelle des fortunes qui élève les uns et abaisse les autres, en plaçant face à face les différentes classes de la société, détruit chaque jour les divisions puériles d'autrefois, pour hiérarchiser l'humanité d'après les facultés diverses dont Dieu a doté chaque individu.

Le résultat d'une pareille situation est évidemment un désir immense de jouissances intellectuelles et matérielles, une pression continuelle de bas en haut, une aspiration incessante des couches inférieures de la société vers le bien-être de la couche supérieure. Ce mouvement prend sa source dans la nature même de l'homme, dans le peu de différence qui existe entre les intelligences à l'état de nature, et dans cette éducation pratique qui se développe au contact des populations providentiellement rapprochées par les découvertes des génies de notre temps.

Pourquoi se forger des illusions, se créer des points d'appui imaginaires, relire l'histoire du passé pour expliquer des évènements tout nouveaux? Pourquoi nier ce qui est palpable comme un fait, puissant comme la logique ? pourquoi ne pas envisager avec calme des difficultés que nous ne pouvons détourner? Le problême est posé, il se résoudra. Imitons ces ingénieurs habiles qui barrent un instant un torrent pour lui creuser un lit, et n'attendons pas que la digue soit emportée. Le génie de l'homme a enfanté les éléments d'une société nouvelle ; il faut que l'on tire les conséquences des prémisses qui ont été posées ; il faut marcher ou mourir.

II.

CHAPITRE DEUXIÈME.

LA CIVILISATION ANTIQUE ET LA CIVILISATION MODERNE.

Lorsque Mirabeau, un instant distrait de ses souffrances par les murmures de la multitude, s'écriait : Ce sont les funérailles d'Achille, il s'éteignait avec les dernières lueurs de sa popularité et de sa puissance. Son génie avait déjà pu apercevoir au fond de la révolution politique qu'il avait ouverte, un gouffre inconnu devant lequel il reculait en poussant le cri de détresse *Résistance!* Résistance! oh! que ce mot est échappé de fois à des hommes divers sur lesquels le flot populaire a passé! L'homme de Sainte-Hélène l'a auss prononcé, lorsque, recueillant un instant la nation haletante d'anarchie, il rassembla les débris épars de la société qui s'était écroulée, et pourtant ce furent ses armées, comme aux derniers temps de la civilisation romaine, qui portèrent à l'Europe les germes de la nouvelle société éclose en France. Depuis que la révolution a débordé sur notre pays, elle ne s'est jamais arrêtée, tout obstacle a été brisé.

Lorsque, après la chute de la restauration, s'inaugura ce régime à la Walpole que l'on a appelé la Révolution de juillet, il se passa deux faits étranges dont l'apparition a exercé et exercera sur notre avenir une influence immense. Le premier de ces faits, fruit d'une longue paix, c'est le développement extraordinaire des voies de communication et les magnifiques découvertes destinées à rapprocher matériellement les hommes, comme l'imprimerie les avait unis par la pensée. Le second fait, puisant sa source dans la partie la plus infime du cœur de l'homme, fut l'inauguration d'une politique d'égoïsme et de personnalité. Walpole put dans son temps et dans son pays se livrer au trafic des consciences ; c'était une entreprise honteuse et immorale sans doute, mais comme il n'abaissa et ne dégrada que quelques hommes, l'Angleterre put oublier cette période avilissante de son histoire. Le gouvernement de juillet, placé au contraire en face d'une démocratie qui montait ; poussé fatalement à répandre la lumière de l'instruction, soit en facilitant le mélange incessant des populations, soit en couvrant le sol du pays d'instituteurs destinés à élever la jeunesse, essaya de pervertir, dans l'intérêt de la domination de quelques hommes, le cœur de toute une nation. L'irritation des désirs matériels étouffa dans l'âme les sentiments élevés, on ne rêva plus que bien-être, et cet exemple, parti de haut, pénétra toutes les couches de la population, s'infiltra avec rapidité dans une société concentrée ; seulement l'égoïsme au sommet se transforma en envie à la base.

Spectacle curieux au milieu des évènements extraordinaires qui troublent notre pays ! Ce sont aujourd'hui les hommes qui ont essayé de matérialiser la nation ; qui, dans la courte durée d'un pouvoir fatal, ont surexcité des besoins avant que l'heure de les satisfaire fût venue ; ce sont ces mêmes hommes qui viennent dogmatiser sur nos souffrances d'aujourd'hui !

Eh quoi ! ces socialistes insensés qui marchent à l'assaut de la société, n'ont-ils pas été chercher leur point d'appui là-même où vous aviez pris le vôtre? Quelle différence faites-vous entre ceux qui veulent mettre la main sur les maisons, les fabriques, les propriétés de toutes sortes, et ceux que vous convoquiez au partage des revenus de l'État, propriété commune à chaque membre de la société?

Que les passions revêtent les formes de l'esprit et de la science, qu'elles apparaissent au contraire rudes et incultes, ce n'en sont pas moins les mêmes passions? Que la fierté et la violence surgissent aux cœurs d'hommes naguère rampant et s'inclinant, la forme de leur bassesse n'ôte pas à une perturbation sociale ses causes et sa portée.

Détournons nos regards du triste spectacle qui frappe nos yeux, et, dans les grands mouvements de l'humanité, étudions avec calme les causes qui les ont engendrés, recherchons les fruits qu'ils doivent produire.

On entend répéter souvent, on lit dans une foule de livres ces mots qui essaient le dédain : Mais ces doctrines communistes ou socialistes ne sont pas nouvelles ; elles ont été prêchées en Orient, en Occident ; l'antiquité et le moyen âge les ont connues avant nous. Cela devait être, car le principe de ces doctrines est dans le cœur de l'homme, dans son aspiration incessante vers le bien-être. Étudiez le physique et le moral de l'homme, vous verrez que les deux natures qui composent son être, sont indissolublement unies. Si le corps souffre, l'esprit s'affaiblit ; si l'esprit est atteint, le corps s'affaisse. La conséquence évidente de cette union dans la peine et dans la joie, c'est la tension continuelle de l'esprit vers la satisfaction des besoins du corps. Ces besoins augmentent avec l'épanouissement de l'intelligence, et cela est si vrai qu'il n'y a pas de si pauvre famille dans nos pays civilisés qui voulût troquer son existence contre celle d'un Lapon ou d'un sauvage de ces myriades d'îles qui peuplent les mers lointaines.

Oui, de tout temps, des esprits souffrants ont cherché la santé, de tout temps l'homme a voulu briser les obstacles qui l'étreignaient. Sa pensée, son génie ne prend son essor qu'autant qu'il a assuré la vie de son corps, et cette vie de son corps devient d'autant plus difficile à assurer que son intelligence s'est élevée davantage. N'allez pas croire que par besoins du corps j'entende les prodigalités fastueuses qui touchent la surface de la vie. Je considère l'ensemble, je ne m'arrête pas aux exceptions. Les nécessités de la vie ne sont plus les mêmes qu'autrefois; ce qui est misère aujourd'hui était luxe hier, et le luxe d'aujourd'hui pourra bien devenir le nécessaire de demain.

Au lieu de vous en tenir à quelques analogies entre des aberrations de l'esprit humain qui ont dû surgir partout et en tout temps, si vous eussiez poussé vos recherches jusqu'au principe générateur de ces folies; si, au lieu de circonscrire vos investigations, vous les eussiez étendues, vous n'auriez pas tardé à trouver une grande loi de l'humanité. Dans l'antiquité vous voyez l'esclave et l'homme libre ; l'esclave est une propriété dont on peut user et abuser, et qu'il est permis même de détruire ; plus tard, cet esclave devient un serf. La distance qui existe entre le seigneur et son serf n'est déjà plus celle qui existait entre le maître et l'esclave ; la couche inférieure des sociétés s'est élevée. Le travail d'ascension continue ; ces serfs sont des hommes libres ; mais ils s'agenouillent encore devant d'autres hommes, quand arrive la révolution française qui les place sous le niveau de la même loi.

Qu'importe maintenant que des esprits enthousiastes, malades ou pervers, aient cherché, dans tous les temps, des lois pour des sociétés impossibles. Il y a dans cette perpétuité de la même idée, dans ces tentatives faites à des époques fort éloignées et dans des sociétés différentes, quelque chose de providentiel qui me frappe. Je m'incline avec respect devant cette pensée humaine qui travaille sans relâche et sans se décourager jamais, et je ne comprends pas que l'on puisse faire sortir une négation de cette persévérance à poursuivre un but qui est toujours le même au milieu de toutes les transformations subies par les sociétés.

Le socialisme est un symptôme, un grave symptôme dans nos sociétés modernes. Jamais les points d'appui sur lesquels il peut se reposer, ne furent plus nombreux qu'aujourd'hui; jamais il ne put faire appel à un aussi grand nombre de soldats, ni rassembler autant d'éléments de victoire.

Ne conservons aucune illusion, et ne mesurons pas l'étendue du mal à la taille des hommes qui se prétendent les chefs du mouvement que l'on a baptisé de ce nom. Je suis loin de sourire de pitié, lorsque, m'approchant de ces hommes qu'on accuse d'avoir causé tant de mal à notre pays, je touche à des fantômes, fantômes de talent, fantômes de célébrité, qui ont pris pour piédestal l'ignorance de leurs adeptes, et pour prestige l'obscurité des oracles qu'ils jettent chaque matin à une foule souffrante. Si la société tremble sous les pas de pareils hommes, c'est qu'ils s'appuient nécessairement sur une grande pensée, c'est qu'ils ont parlé à un de ces pressentiments divins qui sommeillent quelquefois, mais ne s'endorment jamais.

A la vue de nos convulsions sociales, on s'est écrié : C'est la décadence, c'est la société qui revient à son point de départ pour recommencer sur un autre hémisphère la route qu'elle a déjà parcourue. Comme preuve, on a évoqué ces royaumes oubliés dont on reconnaît des vestiges dans les déserts de sable, et l'on a dit : L'humanité, c'est Sysiphe roulant sans cesse son rocher et ne pouvant jamais atteindre le sommet de la montagne. La décadence! au moment où le cerveau de l'homme en travail enchaîne, chaque jour, par des découvertes nouvelles les forces de la nature; au moment où des populations entières semblent portées sur l'aile des vents d'un pôle à l'autre ; au moment où l'homme, concentrant dans ses mains l'électricité répandue sur le globe, a dit : Tu seras le soleil des nuits, et tu illumineras les villes de l'avenir. La décadence! quand jamais la vie n'a circulé dans les sociétés avec plus d'énergie et de puissance ; quand la pensée humaine s'élance haletante et fébrile des profondeurs de la terre jusqu'aux astres qui scintillent dans le ciel et laboure le monde en tout sens, demandant à chaque plante pourquoi elle existe, à chaque force quel effet elle est destinée à produire.

L'histoire nous a tracé le tableau des dernières palpitations d'un peuple qui s'éteint : la vie se retire chaque jour de lui ; le présent dévore le passé et ne crée plus rien pour l'avenir ; des populations entières errent sur la place publique sans but et sans pensée, et l'esprit de lutte, d'émulation s'exhale dans des discussions stériles. Les peuples à l'agonie s'enferment de plus en plus dans l'étroite enceinte d'une ville, et là, dans ce tombeau de pierre, face à face avec eux-mêmes, isolés du monde entier, ils s'enveloppent de leur luxe passé et attendent les barbares qui s'approchent. Quel rapport peut-on établir entre ces nations en décadence et celles d'aujourd'hui? celles d'aujourd'hui qui tendent à se répandre de plus en plus dans les campagnes, à entrer sans cesse en lutte avec la nature ; celles d'aujourd'hui qui dédaignent les travaux du passé en les comparant à ceux de l'avenir. Il était permis de craindre les barbares, quand des peuples efféminés perdaient chaque jour ce qui constituait alors la puissance des armées, la force corporelle ; mais, que les barbares s'avancent maintenant sur ces terres occupées par des populations condensées, qu'agite sans cesse une ardente imagination ; qu'ils viennent avec leur taille de géant affronter ces formidables machines de destruction que des nains peuvent manier.

La civilisation moderne, fille des civilisations antiques, porte dans ses flancs des germes de puissance et de vie que n'ont jamais connus les peuples d'autrefois. L'empreinte du passé s'efface tous les jours, et l'humanité, avançant sans cesse dans les chemins de la science, trouve à chaque pas des instruments de progrès tellement énergiques, qu'il faut attendre l'avènement d'une civilisation plus haute, pour qu'on puisse s'en servir.

L'homme le plus débile par l'intelligence donne un but à sa pensée, à sa vie. Sa production la plus éphémère a une destination marquée d'avance. Et l'on voudrait que Dieu qui a tout créé, et ces corps inertes qui décorent la nature, et ces êtres animés qui pensent, agissent et lient dans les combinaisons de leur esprit le passé et l'avenir, et l'on voudrait que Dieu fût le seul, au milieu de sa propre création, qui ne sût pas quelle œuvre il a voulu accomplir ? Étrange folie ! quoi ! on peut penser qu'une découverte quelconque, fruit de l'esprit d'investigation dont Dieu nous a dotés, restera à jamais sans application, parce que la société qui l'a vu naître ne connaît pas le moyen de l'utiliser ? Quoi ! on peut penser que les aspirations incessantes qui embrasent le cœur humain et croissent en raison même des progrès qui s'accomplissent, ne sont que des agitations stériles ? Non, le but mystérieux poursuivi par l'humanité ne fuit pas toujours devant elle. Les progrès passés sont le gage des progrès à venir, et ces productions du génie de l'homme qui restent momentanément inutiles, sont autant de jalons plantés sur la route que l'humanité est appelée à parcourir.

L'invention de l'imprimerie n'a commencé à se généraliser qu'au bout de plusieurs siècles, et la sublime découverte de la vapeur, qui lie les continents entre eux en effaçant les distances, ne date que d'hier. Pourquoi sans cesse rétrécir l'horizon des sociétés? Pourquoi ne pas reconnaître que ces immenses moyens matériels destinés à mêler les hommes en les transportant d'un point à un autre du globe, que ces presses rapides qui inondent le foyer domestique de tout ce qui peut germer dans le cerveau d'une société en travail, et apportent à chaque citoyen, dans sa veillée du soir, les nouvelles de tout un peuple, doivent nécessairement modifier les relations sociales?

Un homme que nous avons vu enivré de sa propre parole, qui, dans son orgueil, s'est pris de dédain pour tous les faits qui ne pouvaient pas parader dans les tournois littéraires où il brillait d'un vif éclat, M. Guizot, a jeté un fier défi à la société française ; il lui a dit : Quoi que vous fassiez, vous aurez toujours une aristocratie, une bourgeoisie et un peuple ; la cause de vos souffrances, c'est que chacun de ces éléments a cherché successivement à absorber les autres ; ils doivent vivre à leur place.

Où est l'aristocratie aujourd'hui ? quelles sont les fonctions publiques qu'elle a occupées depuis 89 ? où trouvez-vous l'empreinte de sa puissance, de son initiative ? où vit-elle ? où fonctionne-t-elle ?

Appelez-vous aristocratie ces quelques familles réunies dans des salons fermés ; ces collections de noms qui ne font que rappeler les chroniques du passé ?

Le mot de bourgeoisie lui-même exprime-t-il ce qu'il signifiait autrefois ? c'est-à-dire une réunion de familles jouissant d'un certain bien-être amassé par plusieurs générations successives, ce qui constituait, en définitive, une noblesse secondaire, plus accessible seulement que l'aristocratie aux éléments inférieurs de la société ?

Pourquoi toujours se prendre aux mots plutôt qu'aux réalités? La richesse, le principal des éléments qui hiérarchisent aujourd'hui, passe avec rapidité de mains en mains. La propriété foncière, à peine agglomérée par un travailleur intelligent, arrive brisée à ses successeurs, et l'on voit, à chaque instant, le bien-être d'une famille vivant dans une honnête aisance disparaître avec le chef qui le créait par son travail de chaque jour. Tout est changeant autour de nous. Il est bien rare que deux générations conservent quelques parcelles de la propriété léguée par un aïeul.

Il n'y a, en vérité, maintenant ni aristocratie ni bourgeoisie ; il y a un peuple d'où surgissent çà et là quelques hommes qui dépassent un instant la foule et y rentrent bientôt. Le nom de bourgeoisie n'est qu'une désignation de parti puisée dans les souvenirs d'un temps qui n'est plus; cela est si vrai, que les hommes qui l'emploient avec le plus d'emphase ont eu des liens bien étroits avec ceux qu'ils combattent.

Il faut une étrange préoccupation de l'histoire du passé, pour vouloir forcément retrouver tous les éléments d'autrefois dans la société d'aujourd'hui. Préoccupation fatale qui tend à égarer des esprits éminents, à exalter par des craintes chimériques des intelligences faibles, et à forcer tout un peuple de courir brutalement, sans autre guide que son instinct, vers le but marqué par la Providence. Notre société offre, il est vrai, des dénominations qui nous sont connues ; mais, si les noms ont survécu au cours des âges, les réalités ont disparu, et des éléments, à peine aperçus dans l'antiquité et le moyen âge, ont pris un accroissement extraordinaire. Ces éléments, nés de la mobilité de toutes les positions, de la généralisation des connaissances humaines impriment à nos progrès une vive impulsion, et jettent toujours le germe de commotions et de douleurs nouvelles dans le sein des populations.

Comment diriger notre société, cicatriser ses plaies, si on ne tient pas compte de cette multitude d'hommes sans cesse déclassée, de cette multitude d'hommes qui ont touché à la fortune, et, soit incapacité, soit malheur, soit immoralité, ont cessé de pouvoir satisfaire à des besoins multipliés par une aisance passagère. Cette armée de Tantales, toujours mécontente, toujours envieuse, toujours souffrante, s'augmente sans cesse de recrues nouvelles, et tourne un regard de regret et de convoitise vers cette existence à laquelle la rattachent l'éducation, les goûts, les habitudes, vers cette existence qu'elle voit près d'elle, qu'elle convoite et dont elle ne peut jouir.

C'est au milieu de cette armée que des cerveaux, sans cesse en travail, créent des mondes inconnus où elle puisse trouver place ; c'est à cette armée que se rattachent tous les hommes auxquels une éducation incomplète a ouvert un champ nouveau de désirs et de besoins non satisfaits, et dont nous trouvons le type dans le maître d'école de village. Les habitants des campagnes ne tarderont pas à être entraînés à leur tour ; car le lien forcé de transition entre une intelligence développée par l'éducation, et une intelligence laissée à l'état de nature, se trouve dans ces hommes à moitié éclairés qui n'ont pas su régler l'essor de leur imagination déréglée.

De cette espèce de hiérarchie au milieu du désordre doit nécessairement sortir une situation qui ne pouvait pas se produire autrefois. Dans les temps calmes, les hommes que l'éducation a placés à la tête de la société se glissent dans les emplois publics, cherchent dans des traitements viagers les satisfactions que leur refuse la fortune, et ceux qui ne peuvent atteindre à ce but, espèrent du moins pendant longtemps y arriver par une déférence qui va parfois jusqu'à la servilité. Tout est couvert par la paix, et ces dissentiments intestins, et cette incertitude de l'avenir qui plane sur toutes les portions de la société; mais que le vent des révolutions se lève, alors apparaissent dans toute leur force ces dissidences. Au premier rang se placent les hommes qui ont usé leur vie et détruit leur bien-être dans des excès de tout genre; ils ont pris le côté matériel de l'existence, ont dédaigné l'économie et n'ont jamais voulu se livrer à un travail sérieux. Il faut mettre dessous ce qui est dessus, s'écrient-ils avec la certitude qu'on ne pourra rien placer devant eux, et ils marchent en groupant petit à petit à leur suite, et les hommes qui ont vu briser leur avenir après un travail malheureux, et ceux que des espérances, des convoitises de tout genre convient à un changement. Cela est arrivé à la suite de la Révolution de février et devait nécessairement se produire. Les existences viagères se sont beaucoup multipliées sous le gouvernement de juillet, par le fait même de l'accroissement des richesses publiques et du nombre des fonctions libérales qui progressait avec elles.

Cette situation de la société, cette naissance d'éléments qui ne trouvent pas leur place, cause une souffrance très-vive. Les personnes dont le présent est à peine assuré, dont l'avenir est complètement inconnu, s'irritent, se font des ennemis prétendus de ceux qui sont plus heureux, et si l'on vient à sonder un de ces hommes, dont tous les instincts étaient naguère bons et généreux, on est souvent étonné de trouver dans son cœur la haine, la défiance et parfois même des idées sanglantes.

Tout cela est triste, mais cela est vrai, c'est la conséquence forcée de l'avènement de la démocratie, c'est-à-dire d'une société qui n'a pu encore se développer, et dont les besoins croissent d'une manière plus rapide que les moyens de les satisfaire. Comment voulez-vous que cet homme qui ne pense qu'avec effroi au sort de ses enfants, ne sente pas au fond du cœur un sentiment d'envie contre le père de famille qui lui paraît dans le présent comme dans l'avenir à l'abri du besoin ? Dans les deux positions, l'éducation est la même, les sensations sont les mêmes, les désirs sont les mêmes, et pourtant à l'un la sécurité, à l'autre l'incertitude du lendemain, pour qui? pour ses enfants, pour sa femme peut-être, c'est-à-dire les êtres pour lesquels la nature a mis dans son cœur une vive affection, une ambition insatiable.

Analysons ce sentiment d'envie ; quel en est le point saillant ? C'est le désir de saisir une position que l'on voit à côté de soi ; c'est l'émulation impuissante à produire et ardente à convoiter. Ce sentiment, mis au cœur de l'homme, n'a pas été jeté au hasard dans la société. Il produit entre les caractères élevés une lutte qui les développe et les fait grandir, entre les caractères d'un type inférieur une lutte d'un autre genre qui empêche l'immobilité d'une partie de la société en la menaçant sans cesse dans son avenir.

La lutte est la vie de l'humanité. A l'aurore des sociétés, elle prend la forme des guerres de ces peuplades qui enlèvent chez leurs ennemis, non seulement les produits de leur travail, mais des travailleurs même que l'on enchaîne comme esclaves. Plus tard, ce sont des nations qui veulent accroître leur territoire et le nombre de leurs serfs ; mais, dès cet instant, la lutte intérieure s'ajoute à la lutte extérieure. Les opprimés s'agitent, cherchent à se faire place ; la couche supérieure de la société s'abaisse devant eux, car ils s'en approchent de plus en plus. Enfin, après toutes ces luttes qui sont écrites dans l'histoire de l'humanité en caractères sanglants, il arrive un moment où le gouvernement de la nation n'a plus d'autre mission que de conserver l'ordre au milieu d'une multitude immense d'individus, ne se distinguant plus les uns des autres que par des éducations diverses et des facultés différentes. Mais à cette période de l'histoire sociale, il se produit en foule des hommes placés au même niveau sous le rapport de l'intelligence, de l'éducation et des besoins ; une partie d'entre eux réussit à se créer une existence par son travail, une autre portion veut jouir sans avoir la peine de conquérir, une troisième enfin ne réussit pas malgré ses efforts. La lutte s'engage ; chacun de ces partis, formés sans qu'il y ait eu entente, cherche des auxiliaires dans la portion de la société où les lumières n'ont pas encore complètement pénétré, où les besoins sont plus grossiers Pour obtenir cet appui, il faut éclairer par des discussions, des écrits, cette dernière couche de la population; et, en l'éclairant, on finira par l'élever de plus en plus, par la placer à la hauteur de ces portions de la société qui lui demandent son concours, afin de maintenir des positions conquises à ceux qui les ont obtenues, ou d'en créer à ceux qui y aspirent.

Ainsi la révolution qui pousse à la démocratie s'alimente à son propre foyer. Sa marche est de plus en plus rapide, et nous, acteurs d'un jour dans ces transformations incessantes, nous travaillons forcément et fatalement, quelles que soient nos pensées, quels que soient nos intérêts, à l'accomplissement de cette grande œuvre que l'on nomme la démocratie.

La démocratie est un monde nouveau dans lequel nous entrons tous. Quelle sera son organisation ? comment tous les éléments sociaux vont-ils se classer de manière que les parties élevées de la société, qui résument le produit du travail de plusieurs siècles, ne soient pas abaissées, et que les portions qui sont restées en arrière et s'élèvent rapidement, puissent obtenir la place qui leur est due ? voilà l'inconnu ! En attendant que le problème se résolve, chacun se tourne avec anxiété du côté du peuple des campagnes qui a marché depuis la révolution de 89 à la conquête du sol avec une ardeur, une tenacité extrêmes. Les uns lui disent : Vous êtes propriétaires, vous tenez dans vos mains les deux tiers du territoire de la France, vous les tenez au même titre que ces propriétaires plus riches qui possèdent l'autre tiers de ce territoire. Si vous laissez dépérir le titre qui est entre les mains des propriétaires plus aisés que vous, vous viciez par le fait même celui qui forme la base de votre fortune; si vous consentez à les frapper d'un impôt qui s'accroisse plus rapidement que le nombre des champs dont ils ont agrandi leur propriété, vous frappez d'avance votre propre travail d'agrandissement, vous vous arrêtez vous-mêmes dans votre conquête du sol, vous abaissez la valeur de ces terres acquises après tant de labeurs. Un autre parti leur montre cette aisance qui se produit à côté d'eux, cette vie différente de la leur, et leur dit : Mais ces hommes vous laissent toutes les charges, quand ils ont le pouvoir de les supporter. Ne les écoutez pas, ils défendent leurs priviléges; écoutez-nous, nous voulons les abaisser pour vous élever vous-mêmes.

Quel sera le résultat de ces rivalités entre deux parties de la société dont l'éducation, l'intelligence est la même, qui sortent toutes deux de la masse du peuple? Nous allons chercher à analyser leurs espérances réciproques, trop absolues de part et d'autre pour être bien fondées.

III

4

CHAPITRE TROISIÈME.

L'HABITANT DES CAMPAGNES, LE MAITRE D'ÉCOLE ET LE CURÉ DE VILLAGE.

Le peuple des campagnes, qui tient aujourd'hui dans ses mains les destinées de notre pays, a des qualités bien diverses, qui en feront nécessairement un auxiliaire fort incertain pour tous les partis. On a dit et on répète : Le paysan est propriétaire, il aime sa propriété comme son sang, il saura la défendre ; le morcellement du sol en 93 est, grâce à Dieu, notre sauvegarde aujourd'hui. Cela est vrai, mais d'une manière relative. L'homme des campagnes, absorbé dans de rudes travaux, n'a pu jusqu'à ce jour cultiver son intelligence que fort incomplètement. L'horizon de ses connaissances théoriques est très-borné, et la pratique de l'administration de sa commune n'a pas pu, au milieu des mille tiraillements que lui impriment des intérêts sinon hostiles, du moins mal coordonnés, développer chez lui une juste appréciation des affaires publiques. De cette situation qui place ces hommes au sein d'une civilisation très-avancée, dont les résultats viennent à chaque instant frapper leur imagination, jeter des éclairs dans leur pensée, naît un genre d'esprit tout particulier. Le paysan, puisque c'est la dénomination consacrée pour désigner l'homme qui vit dans les champs, le paysan est à la fois confiant et défiant; on le voit souvent croire avec une singulière naïveté aux insinuations les plus étranges, et repousser dans le même moment les raisons les plus sages et les meilleures qu'on puisse lui présenter. Dans sa naïveté on peut reconnaître l'homme qui exerce presque exclusivement ses forces corporelles; dans sa défiance, on trouve les traces d'un esprit qui a été frappé par ce qui l'entoure, qui doute de lui-même, et n'a pas la force de porter un jugement. Il a conquis peu à peu ce sol sur lequel il repose, et dans cette conquête qui lui a coûté tant de sueurs, il a trouvé l'usurier; il s'est heurté contre des hommes avides qui ont voulu amoindrir son champ, et il a fait appel à des gens de loi. De cette passion d'acquérir qui l'incorpore au sol, naissent de grandes qualités et de déplorables défauts. Les qualités consistent dans le goût du travail, dans une grande tenacité de volonté, dans une forte résignation opposée à la souffrance ou aux évènements de tous genres qui peuvent se produire; les défauts sont une grande rudesse de mœurs, une insensibilité qui approche parfois de la cruauté, et une avidité extraordinaire développant une finesse de tact, une appréciation des pensées des autres, qui reproduit dans notre civilisation les phénomènes observés chez les hordes de sauvages.

Que va devenir l'exercice du suffrage universel entre les mains de pareils hommes? Que va devenir le gouvernement de la France?

L'exercice du suffrage universel est destiné à des variations extrêmes, à des passages brusques d'un parti à l'autre, sans transition. Le gouvernement de la France sera pendant un long temps encore un gouvernement essentiellement mobile, où la création de la veille sera déracinée par celle du lendemain.

Le paysan a deux antipathies : celle du propriétaire plus riche que lui, dont la vie, les habitudes diffèrent un peu des siennes, sans pourtant trancher d'une manière tellement complète que les défauts de l'un ne soient pas aussi ceux de l'autre; celle ensuite de l'habitant des villes dont il redoute l'esprit plus éclairé, et dont il jalouse la vie plus facile que la sienne.

Les propriétaires riches, dont le nombre déjà si restreint en France tend à s'amoindrir encore rapidement, sont considérés par le paysan avec plus de bienveillance que ce qu'il appelle le petit bourgeois, parce qu'en général la possession d'une large aisance a enlevé à cette sorte d'aristocratie passagère le défaut qui le choque le plus, le désir ardent d'acquérir la terre par lambeaux, et qu'ensuite la distance qui existe entre des positions extrêmes, éloignant toute possibilité de rapprochement, irrite moins l'envie et excite moins l'esprit de rivalité.

A côté des paysans la révolution de 89 a placé une influence intellectuelle toute nouvelle, le maître d'école, et en même temps elle a étendu et généralisé une influence ancienne trop restreinte jusqu'alors, celle du curé de village. Ces deux éléments, largement posés dans la société, sont destinés à exercer sur elle une grande action.

Le maître d'école, comme tous les professeurs, quels que soient leur rang et leur intelligence, puise dans cette direction de l'enfance qui ne permet aucune contradiction, une confiance en lui-même, en sa propre importance, qu'il porte partout. Rien ne tempère chez lui ce sentiment personnel. Les hommes avec lesquels il vit ont d'autres occupations que lui, il parle en maître aussi bien hors de son école que dans son école ; sa position développe chez lui une vanité étrange, et comme conséquence de cette même vanité, un sentiment de dédain, mélangé d'une envie ardente contre toute personne placée dans une situation supérieure à la sienne, soit par son aisance, soit par son influence. Le maître d'école a tous les défauts du paysan et ne conserve pas sa vigueur au travail, ni sa résignation ; il a ses préjugés greffés sur des besoins nouveaux, sur des aspirations nouvelles, et sur le mépris de tout travail manuel. La science, en l'effleurant, n'a pas agrandi sa pensée, n'a pas ennobli à ses yeux le travail qui est la destinée de l'homme ; elle n'a fait que substituer un horizon borné au spectacle sans limite de la nature. Le maître d'école, plein du sentiment de lui-même, étendant à ses enfants l'estime qu'il a conçue des facultés de son esprit, ressent cruellement la gêne qui le presse ; il trouve qu'on est injuste envers lui, qu'il est un être méconnu. Irritable comme tous les hommes chez lesquels la vanité domine la raison, il est prêt à entrer en lutte avec toute personne qui l'entoure, et manifeste cette tendance maladive contre le curé de son village.

Le curé de village sort, comme le maître d'école, des familles de nos cultivateurs; comme le maître d'école, il nourrit bien des préjugés qui viennent de son éducation première, mais l'esprit de dévouement a élevé sa pensée; seul, sans femme, sans enfants qui lui demandent de pourvoir à leur avenir, il sent que sa vie est une vie supérieure à celle des hommes qui l'entourent. Les sentiments d'orgueil qu'il pourrait puiser dans la distance qui le sépare des compagnons de son enfance, se brisent à chaque instant au chevet du malade où l'appelle son devoir, et la vue du néant de notre existence amoindrit sans cesse à ses yeux les différences sociales qui divisent les hommes dans notre vie éphémère.

Ces deux grands éléments de notre société dont le premier, le maître d'école, est encore à l'état brut, car il date de peu d'années; dont le second, le curé de village, est plus perfectionné, car il n'est que la personnification de la pensée chrétienne, qui, depuis un grand nombre de siècles, s'infiltre dans le monde, sont aujourd'hui les représentants de deux principes sans lesquels une société s'arrête et meurt, le respect du passé et la foi dans l'avenir.

Le clergé professe le respect du passé sans pour cela entraver la marche ascensionnelle de la société, le vide de ses rangs se comblant sans cesse par des hommes qui sortent du cœur même de la nation, et qui apportent constamment dans son sein toutes les aspirations, les désirs, les espérances d'un peuple en travail. Belle et grande mission que celle du clergé ! il veut conserver le riche alluvion de science, de civilisation que les siècles nous ont légué, et cherche à modérer la marche de la société pour que les progrès à venir puissent se greffer sur les progrès passés.

L'instituteur de village est comme le pionnier

qui s'avance dans les forêts du Nouveau Monde, abattant devant lui les arbres, découvrant le sol, sans s'inquiéter si les champs qu'il veut cultiver, si la cabane qu'il veut élever n'auront pas besoin d'ombrage. Le maître d'école sent palpiter en lui des désirs, il a des aspirations ; sa nature encore inculte n'a pas dépouillé les sentiments violents de l'homme primitif, et il a acquis avec une éducation incomplète une susceptibilité très-vive, une vanité naïve. La société a remis dans ses mains les générations naissantes, et par une singulière inconséquence, elle n'a pas su l'élever à la hauteur de la noble mission qu'elle lui a confiée. On veut qu'il possède de la science, et son esprit sans cesse inquiet sur son existence présente, sur son existence future, ne peut prendre son essor au milieu des liens matériels qui le garrottent de toutes parts. On veut qu'il se consacre avec ardeur à l'éducation d'une jeunesse qui est l'espérance du pays, et l'estime publique ne vient pas l'encourager dans cette grande tâche, honorer ses efforts et le placer au niveau du but qu'il doit atteindre.

Notre société, qui succède à des temps de guerre, n'a pas encore créé les hiérarchies de l'époque pacifique dans laquelle nous entrons. Les préjugés du passé troublent encore notre intelligence, et le moindre officier de l'armée est placé plus haut dans notre estime que l'homme auquel nous confions notre enfant, l'être que nous aimons le plus, que l'homme chargé d'imprimer dans sa jeune et facile intelligence les sentiments qui le dirigeront pendant toute sa vie.

Comment veut-on qu'au milieu de tous ces débris des différentes transformations que l'humanité a subies, il n'y ait pas de la confusion ? Comment veut-on que dans ce monde en travail où nous vivons, il n'y ait pas un étrange disparate entre cette tendance à édifier et à produire qui caractérise notre époque, et ce vieux préjugé qui porte l'homme le plus sage à honorer de plus de respect celui qui a ouvert les tombes prématurées de plusieurs milliers d'hommes, que le génie patient et infatigable dont les veilles ont doté l'humanité de nouvelles sources de vie?

Voyez maintenant fonctionner le suffrage universel. Voyez le clergé de la campagne en opposition avec le maître d'école, le paysan partagé entre ces deux influences, vers lesquelles la portion mobile et déclassée de la société se porte alternativement, en faisant habilement appel aux intérêts que l'éducation, que des origines communes ont dû développer. Mettez à côté de ces efforts les passions personnelles du paysan, ses répulsions, ses défiances; combinez toutes ces pressions, ces tiraillements avec l'autorité morale de la portion de la société qui a des positions acquises, avec ses faiblesses, avec ses fautes, et vous ne tarderez pas à vous apercevoir que notre société est jetée dans les voies de l'inconnu. Je sais bien qu'elle se reposera un jour calme et tranquille à l'ombre des conquêtes qu'elle aura faites; mais ce que j'ignore, c'est lenombre des générations destinées à disparaître dans la lutte.

La plus grande partie de la population, occupée nécessairement de ses besoins journaliers, ne peut pas se rendre compte des difficultés et des complications du gouvernement d'un grand peuple. A chaque froissement, à chaque désir non satisfait, il y aura mécontentement, et comme ce sentiment sera nécessairement surexcité, envenimé par le parti qui aspire à saisir le pouvoir, on doit s'attendre à des revirements brusques et presque instantanés. Tantôt le paysan repoussera tous les hommes ayant des positions acquises, par un esprit d'antagonisme habilement exploité ; tantôt, froissé dans ses espérances par les hommes qui les auront remplacés, il reviendra demander à ceux qu'il aura dédaignés des résultats impossibles à obtenir d'une manière immédiate ; puis il changera de nouveau le gouvernement du pays.

La Révolution de février est une révolution dont le but n'est pas atteint en un jour. C'est le soulèvement de la partie déclassée de la société qui cherche à se créer une position. Le peuple laborieux sera encore longtemps un instrument entre ses mains. Cette partie déclassée a une grande puissance ; elle a pour elle des désirs, rien à perdre, et elle enlace le pays par les fonctionnaires publics.

Le fonctionnaire public, déplorable agent de corruption pour les hommes qui savent s'en servir, est une plaie profonde de notre pays. C'est une classe d'hommes sans cesse mécontente et inquiète sur son existence viagère. Le caractère dominant des fonctionnaires est la servilité, et cela se conçoit, car en dehors de cette chétive position que leur assure un traitement annuel, il n'y a pour eux que misère. Ils n'ont jamais connu cette vie active par laquelle le négociant, le fabricant, le cultivateur pourvoient non-seulement à leurs propres besoins, mais à ceux de leur famille, et, une fois sortis de cette existence mécanique qui reproduit à chaque heure du jour le travail exécuté la veille, ils ne savent plus employer les facultés de leur intelligence, car elles sont endormies. Le fonctionnaire public toujours envieux, parce qu'il n'est jamais sûr de sa vie du lendemain, cherche avec anxiété quel est le pouvoir du jour, pour se prosterner devant lui, et si par hasard on vient à le renverser, il le frappe le premier pour complaire à celui qui le remplace.

Tous les gouvernements ont voulu s'asseoir sur une large base de fonctionnaires destituables à merci; ils ont cru, en détaillant la noble direction d'un grand pays entre les mains d'une foule d'hommes, se créer partout des points d'appui, mais ils n'ont en définitive réussi qu'à ravaler le pouvoir; ils n'ont en définitive abouti qu'à créer en France une multitude de familles besoigneuses et inquiètes, attendant de l'État une existence précaire et misérable en compensation des services incomplets qu'elles peuvent lui rendre. La Révolution de février a brisé aux yeux de tout le monde ce faisceau de forces imaginaires; les fonctionnaires ont déserté partout ce qu'on croyait leurs convictions de la veille, et, au grand étonnement des personnes qui n'examinent que la surface des choses, on les a vus partout donnant, soit publiquement, soit d'une manière cachée, leur appui, leur sympathie aux hommes de désordre, quand ils ne s'enrôlaient pas ouvertement dans leur parti.

Le pouvoir doit être régénéré en France pour qu'il reprenne son prestige. Il faut un nombre restreint de fonctions donnant aux hommes destinés à servir l'État une étendue d'action qui leur permette de développer leur esprit d'initiative et les soumette à la responsabilité sérieuse de leurs actes; il faut, pour constituer un personnel administratif respectable et respecté, lui assurer non-seulement de la sécurité, mais une existence digne et honorable. Malheureusement l'avènement de la démocratie aura pour premier effet d'abaisser encore la position des fonctionnaires. Le peu de stabilité des fonctions publiques les fera déserter peu à peu, et nous nous trouverons très-probablement en face d'une administration composée de tous les hommes qui n'auront pas réussi ailleurs, comme cela existe en Amérique.

Instabilité en haut, instabilité en bas, voilà le cachet de la démocratie naissante. Les assemblées délibérantes, sans cesse renouvelées dans leur personnel, donneront rarement des hommes d'état illustres ; on ne travaillera pas avec persévérance pour obtenir des positions transitoires, et l'expérience sera nécessairement perdue.

Cette mobilité du gouvernement démocratique est appelée à jeter dans notre pays une perturbation profonde. L'esprit commercial et manufacturier doit au premier abord se glacer ; le développement industriel de la France s'arrêtera ; bien des richesses laborieusement conquises s'évanouiront, et le mouvement ascensionnel de l'aisance cessera dans toutes les portions de la société.

Tout cela est grave sans doute ; mais si l'on place en regard du pouvoir momentanément abaissé, ces hommes sans cesse détournés du but de leur vie par les préjugés qui s'attachent aux emplois publics, échangeant sans cesse par ambition une activité utile et bienfaisante contre des fonctions où ils deviennent médiocres et impuissants; si l'on place en face de ces charges de l'État, exercées avec peut-être moins de ponctualité et d'intelligence, ces familles entières vouant à l'avance, par une éducation factice, des générations d'hommes à une vie qui n'exige aucune initiative, aucun effort de pensées; si, plongeant ensuite dans ce monde immense de l'industrie, on voit ces manufactures inondant de leurs produits le marché, ces masses d'hommes passant sans cesse d'une aisance tolérable à une détresse affreuse, ces campagnes désertées pour le travail précaire des villes; si l'on compare le progrès de l'industrie à celui si lent de notre agriculture, on ne tarde pas à se demander s'il n'y avait pas là des dangers vers lesquels courait en aveugle la société, et si ces misères, qui sont après tout des misères d'un jour, n'ont pas été appelées pour prévenir d'autres misères. L'ambition du pouvoir, le préjugé même qui plaçait les fonctions publiques au-dessus de toutes les occupations, ont servi l'humanité en poussant sans cesse le peuple à s'en saisir. C'est dans les foyers industriels que s'est allumé l'esprit de résistance dans les nations, l'esprit d'investigation ; c'est là, ne l'oublions pas, que la liberté s'est taillée un berceau ; mais l'œuvre est aujourd'hui accomplie, et l'on ne peut plus persévérer dans les mêmes voies sans tomber dans l'abîme.

La démocratie doit anéantir bien des préjugés, bien des tendances léguées par les temps qui nous ont précédé. Elle le fait même à son insu par le seul développement et de ses qualités et de ses défauts, tant il est vrai qu'il y a dans la marche des sociétés une loi inconnue qui échappe aux esprits les plus vastes.

Quels seront maintenant les hommes, quels seront les partis politiques destinés à adoucir les difficultés d'une transformation dont tout le monde sent instinctivement la nécessité ? Avons-nous sous la main les moyens propres à nous ménager une transition entre ce monde connu que nous semblons répudier et ce monde inconnu vers le quel nous tendons? c'est ce que nous essayerons de rechercher.

IV

CHAPITRE QUATRIÈME.

LES ANCIENS HOMMES D'ÉTAT.

Quoiqu'il n'y ait guère que l'étendue d'une année entre l'époque où nous vivons et celle qui précéda la Révolution du 24 février, tout est changé autour de nous. Les idées ont pris un autre courant et les hommes d'état de la veille sont aujourd'hui réduits à l'impuissance. La révolution de 89, en amenant à la surface de la société tout ce qui avait de l'intelligence, des positions acquises, a produit une espèce de classe mouvante, dont tous les membres sont liés par des intérêts à peu près identiques, et quelque variables que soient les éléments constitutifs de cette portion de la société, il n'en est pas moins certain qu'il y a de l'uniformité dans les goûts, les besoins, les tendances des hommes qui la composent. Les dissidences entre les gouvernants n'étaient que des nuances, et les dissentiments dégénéraient souvent en questions purement personnelles. Ces conséquences logiques de la concentration du pouvoir dans les sommités sociales, ont créé naturellement chez nos hommes d'état une propension à poursuivre de petites conquêtes individuelles, à recourir à de petites finesses pour supplanter un rival plutôt qu'un adversaire.

Aujourd'hui que toutes les parties de la société arrivent pêle-mêle au pouvoir, les questions se présentent vives et tranchées, comme des intérêts sociaux qui ne sont pas, il est vrai, hostiles, mais dont les uns ont reçu une satisfaction que les autres aspirent à obtenir. Les individualités disparaissent devant l'importance des problèmes qui s'agitent, et l'habileté, la souplesse des anciens chefs de l'État, loin de contribuer à en amener la solution, ne servent qu'à les envenimer, en jetant de la défiance, en irritant les uns contre les autres des hommes dont l'entente seule peut assurer le succès auquel ils aspirent.

Les hommes parcourent dans leur vie un certain cercle de connaissances et d'idées; plus ils sont éminents par l'intelligence, plus ce cercle est étendu; mais une fois qu'ils l'ont parcouru, leur pensée ne franchit pas l'horizon qu'ils se sont tracé, elle revient sans cesse aux idées qu'ils ont déjà conçues, et cherche toujours en arrière les raisons de leur conduite du moment.

Il y a certes de hautes facultés dans les hommes arrivés au pouvoir à une époque qui a répandu sur notre pays un vif éclat par l'avénement de tant d'illustres écrivains, de tant d'orateurs éminents. Sous le côté littéraire, les luttes de la tribune sont loin d'être aussi brillantes aujourd'hui. Les assemblées politiques ne sont plus des académies où le pouvoir change de mains sans changer de marche; ce sont des arènes où se trouvent en présence les éléments divers qui constituent la société. Tout y est imprévu; les passions n'empruntent plus seulement leur langage à des vanités individuelles, et les diatribes ardentes des orateurs voilent à peine les convoitises et les souffrances qui poussent une partie de la société contre l'autre. Les luttes ne sont pas et ne peuvent plus être des luttes politiques; le pouvoir est entre les mains de la nation tout entière, la question de liberté est aujourd'hui vidée et vidée à jamais. Le mot de liberté prononcé par un parti n'est plus que l'écho d'anciens combats. La révolution doit aujourd'hui se constituer; les intelligences les plus rebelles, les descendants mêmes des reitres de nos anciennes guerres civiles, après avoir tenté de recommencer à détruire quand tous les obstacles avaient été aplanis par nos pères, ont été forcés de s'incliner devant la puissance des faits et de parler de théories économiques adaptées à leur brutale et grossière nature. Par quelle fatalité, au milieu de ces tendances que personne ne peut nier, en face de la science professée par une foule d'agriculteurs illustres qui nous crient : Mais il ne manque pas d'air et d'espace, la terre émiettée entre les mains de plusieurs millions de propriétaires produit à peine le sixième de ce qu'elle peut donner, par quelle fatalité voyons-nous nos anciens hommes d'État reculer devant les aspirations de la société et disserter sur des questions secondaires?

Il s'agit bien de savoir aujourd'hui si la république est un gouvernement sérieux ! C'est le seul gouvernement possible non-seulement dans le présent, mais dans l'avenir. Ne cherchez donc pas le salut de la France dans des changements illusoires, et cessez de vouloir corriger une révolution par une révolution nouvelle. Jamais le dieu arraché de son temple aux applaudissements de la foule n'a repris sa place vénérée ; on a pu souvent poser une statue plus belle sur le socle où il reposait, mais le respect des fidèles ne l'a plus entouré. La royauté est morte sur la place de la Révolution en 93; son prestige a disparu, et, quels que soient vos désirs, quelles que soient vos espérances, vous ne le ferez jamais renaître.

La royauté, c'est le Jupiter des temps antiques, le Jupiter devant lequel on se prosternait, et dont on souille aujourd'hui la statue. La légitimité était un mystère qu'on admettait, mais qu'on ne discutait pas ; une fois le mystère dévoilé sur la place publique, tout s'est évanoui, et les hommes qui songent à restaurer le passé ressemblent à ces anciens païens qui élevaient les statues de leurs dieux en face de la divinité nouvellement apparue au monde.

La légitimité n'est pas seulement en France une religion sans croyants, c'est un drapeau de guerre civile, c'est le symbole de l'ancienne servitude opposé à celui de la liberté. Au milieu des tempêtes révolutionnaires qui nous agitent, des passions honteuses qui se font jour de toutes parts, on comprend qu'une foule d'hommes tremblant pour leur famille puissent chercher le repos dans le passé, et oublier, pour sauver leurs intérêts menacés, leurs vieilles antipathies et leurs répulsions ; mais ne vous y trompez pas, ce sont des convertis du

6

saint office, et leur ligue ne durerait qu'un jour.

Autour de la légitimité se groupent les débris de l'ancienne société avec leurs préjugés, leurs prétentions et leurs espérances; préjugés, prétentions et espérances odieux au reste de la nation qui les a brisés, et s'irrite de les rencontrer sans cesse sur sa route. La royauté peut reparaître dans notre pays, mais ce ne sera que d'une manière accidentelle et pour un moment. La royauté légitime n'a pour elle que l'apparence d'un principe, et la royauté de juillet, comme l'empire, ne repose que sur quelques intérêts et quelques ambitions personnelles et vulgaires.

Que l'on cesse donc de fixer sans cesse ses regards sur le sommet du gouvernement; que l'on s'occupe de la nation elle-même. Il ne suffit pas de dire avec un certain dédain : Il n'y a pas de républicains, il ne peut y en avoir dans un pays comme la France; mot sans profondeur et sans portée, car le mot république n'entraîne pas avec lui la nécessité de proscrire comme à Sparte le luxe et les arts. Le gouvernement républicain est le gouvernement d'un peuple qui a rompu avec le passé et perdu toutes les illusions, les faiblesses de l'enfance. Quel peuple, à ce titre, est plus républicain que la nation française ? Depuis le drame fatal et terrible où le représentant d'une royauté de plusieurs siècles mourut au milieu d'une population en délire, la nation, oscillant entre les horreurs de l'anarchie au dedans et les revers de la guerre au dehors, essaya de saisir le repos en ceignant le front d'un César moderne de la couronne de ses anciens rois. Cet empereur donné par la victoire, fut enlevé par une défaite, puis, l'on reprit la vieille famille des souverains. Mais, quelques années après, le trône restauré fit place, en s'écroulant, à une royauté bâtarde enfantée par le hasard. Cette royauté ne comprenant pas sa situation précaire, voulut vivre comme vivaient les rois, et disparut pour n'avoir pas deviné sous la pourpre du trône le fauteuil éphémère d'un président.

Il est temps d'oublier ce qui a existé et ne peut renaître. Les vagues espérances, les hésitations n'ont d'autre résultat que de frapper de stérilité ces vives intelligences qui pouvaient rendre encore des services à leur pays, et de semer l'irritation dans un peuple entraîné par l'œuvre des temps dans le tourbillon de la démocratie. Il faut imprimer une direction aux tendances de la nation française, car il n'est pas de barrières assez hautes ni assez puissantes pour l'arrêter dans sa marche. Vous craignez les réminiscences du passé, et par votre résistance, vos négations, vous risquez de ressusciter ces luttes éteintes. La république dont vous évoquez le souvenir, ne fut point un gouvernement; ce fut une révolution, ce fut un combat que l'on a baptisé de ce nom. Ne confondez pas des époques qui se suivent, mais ne se ressemblent pas, ou plutôt au milieu des intérêts, des aspirations de notre société, ne venez pas jeter la guerre ; car une révolution n'est pas l'œuvre d'un jour, et quand elle s'est accomplie, elle a la force de briser toutes les résistances.

Il faut aujourd'hui des hommes nouveaux. Les hommes d'état de la monarchie n'ont plus que la puissance de la critique ; l'esprit d'initiative semble s'être retiré d'eux, et ne leur avoir laissé en partage que la négation. Ils ont toujours tenu leurs regards fixés sur leurs adversaires, et n'ont jamais voulu apercevoir au-dessous des hommes qu'ils combattaient les symptômes d'un malaise germant au fond de la nation.

L'inintelligence des révolutionnaires passés à l'état chronique de machines de guerre, instruments aveugles de passions insensées, anachronismes vivants, ont aidé à cette erreur de l'esprit, et voilé les nécessités de l'avenir aussi bien aux défenseurs du gouvernement qu'à ses ennemis.

Une fois la révolution accomplie, il a bien fallu que des agitateurs stériles couvrissent d'un prétexte leur existence, et malgré leurs tendances primitives vinssent se confondre avec des hommes encore tout couverts du ridicule de leurs railleries, et se rattacher aux socialistes ; car il est une logique que les partis suivent invinciblement, quels que soient leurs désirs.

La révolution de 1848 a un caractère social plutôt que politique ; elle est appelée à donner une direction au travail de la société que la grande révolution de 89 a dû affranchir de toutes les entraves qui la garrottaient. L'œuvre d'aujourd'hui n'est pas une œuvre de destruction, mais de construction ; c'est une œuvre difficile qui demande un long temps, des efforts persévérants et une grande impartialité pour discerner, au milieu de violences funestes, les idées vraies et honnêtes des idées fausses et honteuses. Le parti socialiste est le parti extrême de notre révolution ; il recèle dans son sein à la fois et des dévoûments sérieux, sincères, et d'affreuses misères morales. Son origine est pure comme l'origine du grand parti révolutionnaire de 89 qui voulut l'affranchissement de la nation ; mais comme lui, il tend à dévier, il s'abaisse en faisant appel à des passions immondes, en dégradant le peuple qu'il veut élever, en fixant sans cesse sa pensée sur ses instincts et en matérialisant son intelligence. Combattre ce parti par des négations, c'est augmenter sa force. Il n'y a qu'une seule manière de le frapper au cœur, c'est de poursuivre le but qui lui a donné naissance, car ce but est légitime ; c'est d'étudier sans préjugés, sans parti pris à l'avance, tous les éléments de la nation française, éléments physiques, éléments intellectuels; c'est enfin d'éclairer par le bon sens et la science la marche d'une société que nous ne pouvons que guider.

Ainsi la démocratie française progresse et se développe au milieu de trois partis divers.

Le parti de la négation qui critique, doute et s'apprête à profiter de toute pensée de retour vers une des époques passées.

Le parti de l'ancienne monarchie française qui a une foi peu ferme, il est vrai, dans les antiques institutions, mais qui espère qu'une fusion des principes du passé avec les idées de notre époque pourra seule consolider une société qu'il voit sans cesse ébranlée sans en pénétrer les causes.

Le parti socialiste, parti extrême, couvrant de son nom les anciens révolutionnaires avec toutes leurs passions et leurs criminelles pensées, et réunissant de fait et logiquement par le but qu'il poursuit, la portion la plus éclairée, la plus vivace de la nation.

Nous avons parlé du parti de la négation et du parti légitimiste; reste à parler du parti socialiste.

V.

CHAPITRE CINQUIÈME.

LES SOCIALISTES.

Les socialistes ont pris, depuis les évènements de février, une position révolutionnaire des plus alarmantes, et leur nom est devenu un objet d'épouvante et de répulsion. Les juger d'après les idées du moment, ce serait envelopper la légitimité du but qui a présidé à la naissance de leurs doctrines, dans le mépris mérité par plusieurs de leurs chefs ; ce serait abaisser les questions les plus élevées au niveau des hommes qui les flétrissent de leur contact ; ce serait renoncer au bien parce que l'on a cherché à en faire commerce et marchandise.

Le socialisme, pris dans son acception la plus haute, n'est autre chose que la démocratie vivante et militante. Que veut-il en effet ? que demande-t-il ? Il veut que l'on trouve une place à tous les membres de la société ; il veut que le développement des lumières, et par conséquent des besoins, ne soit pas un non-sens, une cruauté gratuite, car la civilisation n'éclairerait les intelligences que pour les jeter ensuite dans le désespoir. Il demande que l'on s'occupe sans cesse des portions de la société qui se trouvent en retard ; il demande que les hommes arrivés à la fortune et à la science ne croient pas leur tâche accomplie tant qu'il y a au-dessous d'eux des êtres qui souffrent. Il dit, et avec raison, que ce n'est pas par des efforts individuels que l'on comblera le vide laissé par la production, que c'est une œuvre gouvernementale ; car le gouvernement d'un grand peuple ne se réduit pas à des mesures d'ordre et de police, il suppose aussi l'étude constante de toutes les misères et des moyens de les alléger.

Ces prétentions sont hautes, sans nul doute, elles sont peut-être irréalisables d'une manière absolue ; mais, ne nous faisons aucune illusion, ces prétentions sont celles de la démocratie elle-même ; elles s'accompliront, ou la démocratie ne sera qu'un rêve.

Comment voulez-vous, en effet, que des hommes qui ont une intelligence égale à la vôtre, des désirs semblables aux vôtres, restent calmes et impassibles devant la misère, lorsqu'ils ont pour eux le nombre, car il s'accroît sans cesse par le fait même de la propagation de l'instruction; le désespoir du courage, car ils ont tout à conquérir et rien à perdre, et enfin le pouvoir par le suffrage universel? La démocratie étant le gouvernement du peuple par lui-même, il est impossible qu'il n'y ait pas dans cette foule d'hommes une aspiration continuelle vers une destinée plus heureuse; il est impossible que cette multitude souveraine n'incline pas constamment vers ce but. La résignation, l'abnégation n'existent que dans les âmes élevées par des pensées sublimes, ou des âmes endormies dans l'ignorance; or les âmes élevées ne sont pas communes, et l'ignorance disparaît tous les jours. Ah! vous connaissez bien les dangers qui vous environnent; et quand parfois votre pensée plane sur ce peuple immense, il s'échappe de votre bouche un cri de détresse, et vous vous demandez si l'instruction est un bien lorsqu'elle est ainsi prodiguée dans toutes les couches de la société. Mais que ce soit un bien, que ce soit un mal, c'est le *marche*, *marche* de Bossuet. Le passé a fui, le présent nous presse, et l'avenir est couvert de ténèbres.

Les socialistes n'ont dû leurs progrès et leur influence qu'à l'étude de la démocratie. Ils en ont saisi avec habileté les tendances, et ont mis en lumière les souffrances du peuple en ne se lassant pas d'en présenter le tableau. Croyez-vous qu'ils n'aient fait que du mal? Non sans doute, car sous le gouvernement passé, ils n'étaient pas des révolutionnaires; plusieurs de leurs journaux, entre autres la *Démocratie pacifique*, se distinguaient même par une modération qui descendait par moment jusqu'au ministérialisme le plus dévoué. Dans ce temps, les socialistes répudiaient avec énergie les théories démagogiques; ils disaient: On verse des flots de sang pour assurer au peuple ce qu'il ne demande pas, la souveraineté; le premier de tous les droits est celui de manger quand on a faim, et qu'on voit des comestibles étalés (1). Leurs discussions, quelquefois empreintes d'exagération, présentaient sous leur vrai jour les dangers réels de la situation ; elles montraient le néant de ces théories qui prétendent amortir les douleurs du jour par le tableau des douleurs d'autrefois. Prenez garde, disaient-ils, vous répandez à profusion les lumières, vous poussez la nation dans une ère de développement intellectuel qui fera surgir partout des besoins, et dans votre imprévoyance vous ne pensez pas aux moyens de les satisfaire.

En fait de bonheur, il n'y a rien d'absolu, tout est relatif. L'homme des champs, étranger au luxe, aux raffinements de la civilisation, est heureux s'il a une nourriture abondante, bien que grossière, un vêtement suffisant et une cabane où il trouve un abri

(1) *Traité de l'Association domestique et agricole*, par *Ch. Fourier*, t. I, p. 157, édit. de 1822.

pour lui et sa famille. Si, grâce à l'amélioration du chemin vicinal, cet homme visite la ville, s'il compare sa cabane de boue à la maison de pierre qu'il y admire, il retournera chez lui pensif, il trouvera que le vent souffle à travers ses murailles de bois, et glace ses membres que ne recouvre pas le drap fin et soyeux dont sont revêtus les citadins. Cet homme, heureux la veille dans son ignorance, souffre aujourd'hui. Généralisez ce fait si commun, appliquez-le à une nation tout entière ; voyez les chemins vicinaux perfectionnés aborder les routes départementales, les routes nationales se relier à ces voies rapides que l'on appelle les chemins de fer ; songez à l'incessante surexcitation de l'imagination par les merveilles de l'industrie, et demandez-vous quels étaient les aveugles, ou de ceux qui disaient : Cela est beau, mais on ne peut impunément offrir de pareils trésors aux yeux d'un peuple si l'on ne trouve pas le moyen de l'en faire jouir, ou de ceux qui créaient, créaient sans cesse, comme des machines inertes, sans penser au lendemain.

On ne peut pas, il est vrai, dresser des plans de société comme des plans d'architecture. Les moyens offerts par les socialistes ne pouvaient être acceptés; ils portaient tous, comme cachet, la création d'un monde idéal, ou bien ils se perdaient dans les nuages d'une critique sans conclusion. Les socialistes, en partant d'une pensée juste, avaient fini, du reste, comme tous les hommes vulgaires qui ont saisi une portion de la vérité; ils avaient poussé leurs déductions jusqu'à leurs extrêmes limites, n'avaient considéré que la matière, et en écartant ces facultés brillantes et immatérielles qui élèvent l'homme au-dessus de toutes les créatures, ils n'avaient en définitive songé qu'à ses instincts. La question, bien posée à son origine, avait donc dévié de sa route, et cette déviation devait plus tard entraîner le socialisme dans la plus affreuse démagogie.

La Révolution de février, en faisant subitement passer le pouvoir dans les mains de la nation tout entière, dut nécessairement donner une impulsion nouvelle à la lutte incessante des différents éléments dont se compose la société. Les plagiaires des anciens révolutionnaires se montrèrent les premiers, et comme ils n'avaient ni clergé à dépouiller, ni noblesse à proscrire, ils cherchèrent naturellement à créer, sous le nom de bourgeoisie, une caste riche dont ils pussent se partager les dépouilles. Cette manière d'agir, digne de leur ignorance et de leurs passions, eût immédiatement transformé la révolution en un pillage, elle eût révolté la nation entière. Ce fut alors que les socialistes vinrent au secours de ces agitateurs sans idées.

Les socialistes, en matérialisant le but qu'ils voulaient atteindre, avaient fini par agrandir le nombre de leurs sectateurs et par colorer de cupides inspirations du vernis de la philanthropie et de la science. Que signifient ces souverains affamés et en haillons? avaient-ils demandé; que signifie cette révolution qui donne le pouvoir à ces hommes, si elle ne leur donne pas les moyens d'en user? que signifie enfin le mot démocratie, si l'instruction et la liberté réelle n'existent pas à la base de la société comme à son sommet?

Le socialisme avait déjà tenu un pareil langage; mais c'était alors qu'il cherchait dans le silence du cabinet et dans le travail de la pensée les passes que devait franchir l'humanité pour arriver à une transformation pacifique. Le renouveler dans une société ébranlée par tant de passions et tant d'intérêts, c'était nécessairement quitter les voies élevées de l'intelligence pour descendre dans l'arène où allaient se produire de déplorables luttes. Le socialisme une fois mis au service des idées révolutionnaires dans une société où tous les priviléges sont brisés, où la loi ne sert qu'à protéger les transactions libres, allait couvrir d'une apparence de raison les sauvages instincts des hommes que l'éducation n'a pas éclairés. Les formules socialistes furent adoptées avec empressement par des personnes qui n'en pouvaient pas saisir le sens, et livrées comme des armes de combat par des hommes qui en connaissaient bien la portée, mais qui les lançaient en guise de projectiles destinés à frapper de mort des adversaires impuissants à les réaliser.

Le mot *droit au travail* qu'on a voulu insérer dans notre constitution, ce mot qui a fait tant de bruit, a été inscrit sur tant de bannières, a servi à colorer tant de phrases vides d'idées, criminelles dans leur portée, appartient à un système socialiste complet, le seul peut-être qui ait été conçu.

Ce fut vers l'an 1808 qu'un jeune homme, employé dans une maison de commerce de Lyon, mit au jour un livre étrange où ce mot fut prononcé pour la première fois. Dans une critique vive et mordante contre la société, il disait : Vous avez confisqué à l'homme civilisé des droits dont il jouissait à l'état de sauvage, et en compensation vous ne lui avez rien donné, pas même le droit d'obtenir le labeur dont il doit vivre. Si Dieu a condamné, ajoutait-il, le premier homme et sa postérité à travailler à la sueur de leur front, il ne les a pas condamnés à être privés du travail d'où dépend leur subsistance. Fourier était logique dans sa philippique contre la civilisation, car son ardente imagination créait un monde entier. Il fit suivre cette espèce de programme d'un livre où il enfantait une société toute nouvelle ; le mobile de la société, telle qu'il la conçoit, est l'attraction passionnée, c'est-à-dire l'impulsion donnée par la nature antérieurement à la réflexion, et persistant, malgré l'opposition de la raison, du devoir, du préjugé. Cette attraction passionnée, qu'il regarde comme une permanente interprétation des lois de la divinité, doit donner l'impulsion au travail, et changer en plaisir ce qui est aujourd'hui un pénible devoir. Après avoir posé ce principe d'attraction comme loi universelle et du mouvement social et du mouvement matériel, Fourier étudie la nature de l'homme, analyse ses passions, détermine de quelle manière elles doivent se coordonner. De l'individu passant à la communauté, il parle ensuite des lois de l'association destinées à se développer sous l'empire de l'attraction, s'occupe du mécanisme des fonctions de production, de distribution, de consommation, et quand il a ainsi créé le village, base de son monde idéal, il cherche à déterminer les relations des villages dont l'ensemble forme l'état.

Dans ce dernier ouvrage, Fourier attaque corps à corps la société avec une vigueur, une logique que ses plagiaires ont imitées, mais n'ont pas égalées. Il raille les théories révolutionnaires, reconnaît l'impossibilité où se trouve la société actuelle d'accorder le droit au travail (1), et la nécessité de sa transformation avant qu'elle puisse le proclamer.

Que dire maintenant, en face de ces déclarations si nettes, si logiques, que dire de ces hommes qui couvrent de ridicule et d'ironie la conception extraordinaire dont nous venons de parler, et y dérobent un mot isolé, une pensée sans suite, pour s'en faire un drapeau qu'ils présentent comme l'étendard sous lequel le monde est appelé à marcher, comme une formule de haine et de discorde destinée à armer une partie de la société contre l'autre?

Sans l'industrie attrayante, une association ou

(1) *Association domestique et agricole*, t. I, p. 138.

un État s'expose à solder la paresse et le vice, en avançant à l'ouvrier les instruments de travail que la banque inventée par M. Proudhon promet de fournir gratuitement.

Sans l'industrie attrayante, l'ouvrier ne travaillera que poussé par le besoin, et par conséquent il est impossible à la société de lui assurer un minimum de revenu destiné à l'empêcher de périr de faim et de misère.

Ainsi pas de milieu : ou acceptez cette brillante hypothèse de l'attraction industrielle, ou cessez de demander à la société des résultats impossibles à atteindre ; cessez de confondre la pensée d'assistance de l'homme par ses semblables avec un droit que vous ne pourriez concéder qu'en abaissant tout le monde et en n'élevant personne. Le droit au travail n'est un droit qu'à la condition de forcer le gouvernement à fournir à chacun le genre d'occupation qu'il a adopté, dans l'endroit même où il habite. Tout homme qui inscrit ce mot sur un drapeau ou veut l'écrire dans une constitution sans demander d'abord l'établissement du travail attrayant, est un homme privé de logique ou un fauteur d'anarchie.

Nous ne nous occupons pas ici des communistes; la base de leur système n'est autre que l'envie greffée sur une intelligence étiolée. L'égalité rêvée au milieu des facultés et des instincts si divers qui distinguent les hommes, n'est que l'abaissement de la société tout entière au niveau de ses derniers échelons. Tout homme de sens comprend l'inanité de semblables doctrines. C'est le vol, le pillage couverts d'un prétexte pour la multitude, et, ce qu'il y a de plus triste, protégés par la conviction sérieuse et sincère d'hommes incapables d'apprécier et de comprendre la nature de leurs semblables.

Les théories communistes ont trouvé dans un littérateur distingué un adepte passager qui, après les avoir honnies dans une critique mordante, a essayé de les relever en les enveloppant de formules économiques, qui masquent la grossièreté du but par l'élégance de la forme. M. Proudhon, en voulant enlever au numéraire toute valeur, en voulant proscrire l'or et l'argent qui n'ont été choisis pour intermédiaires dans les échanges que parce qu'ils étaient recherchés d'une manière à peu près générale à cause de leurs propriétés particulières, M. Proudhon a eu en vue d'y substituer une monnaie de papier hypothéquée sur la production totale du pays, non pas seulement sur la production présente, mais sur la production à venir. Tout ouvrier trouvera dans sa banque l'argent destiné à lui acheter des instruments de travail, et, avec cet argent, il obtiendra chez son voisin ce qui lui sera nécessaire. Cet étrange projet entraînerait forcément l'obligation d'accepter la monnaie de l'État pour un objet forcément estimé à l'avance par une loi, ce qui enlèverait instantanément la propriété de sa chose à chacun, puisqu'on serait obligé de la livrer pour un chiffon de papier. Une combinaison semblable ne peut avoir qu'un but, celui d'avilir tous les produits, d'abolir la propriété individuelle, en la rendant inutile, puisque l'ouvrier, après avoir obtenu le papier de banque en vue du travail qu'il promettrait d'exécuter, pourrait fort bien ne pas le faire, et se servir de cet argent pour ses besoins du jour. Nous supposons ici que la banque ne refusera jamais son papier, que le possesseur de l'objet désiré ne pourra jamais le conserver à la vue de la monnaie offerte ; car si l'on ne donnait pas le papier à tout demandeur, la monnaie nouvelle serait bien près de ressembler à l'ancienne, on n'en aurait changé que la forme et la matière, et si le détenteur n'était pas contraint de livrer sa marchandise, on reviendrait nécessairement à ces heureux temps primitifs, où l'on troquait un bœuf contre une charrue, agréable et commode passe-temps que M. Proudhon n'a pas pu désirer de rétablir.

M. Proudhon n'est pas un socialiste sérieux. Il parle des canaux de la production sans cesse débarrassés par une consommation extraordinaire, et sans cesse remplis de nouveau par le travail, réminiscence involontaire chez lui des conceptions de Fourrier, réminiscence illogique, car il raille avec une grande force la prétention de rendre le travail attrayant, et ne dit pas de quelle manière il poussera les hommes à beaucoup produire dans l'espérance de beaucoup consommer. Il parle d'ôter à toute propriété une valeur quelconque, et répudie le communisme. Qu'est-ce donc que M. Proudhon? J'ai entendu dire que dans ses veillées du soir, il ressent une excitation fébrile et compose comme s'il était assis sur un trépied. M. Proudhon est la sybille de l'anarchie. Le peuple l'entoure comme naguère les populations antiques se rangeaient autour de la Pythie de Delphes, en acceptant comme des vérités incomprises les paroles incohérentes qu'il laisse échapper dans son furieux délire.

Un esprit logique n'est pas l'apanage des multitudes, l'imagination a sur elles plus de prise que la raison. C'est ce qui explique, dans un moment où tout le monde cherche la solution du grand problême social, la vogue extraordinaire de l'homme le moins propre à trouver cette solution. M. Proudhon est la négation faite homme; il critique le lendemain ce qu'il a écrit la veille; c'est le Bayle moderne essayant de briser le monde matériel comme l'ancien Bayle a tenté de le faire pour le monde intellectuel.

La popularité de M. Proudhon est un triste symptôme pour notre société. Le problême social posé à son origine dans des termes acceptés, sinon explicitement, du moins implicitement, par tout homme qui comprend quel but doit forcément atteindre la démocratie, ce problème est obscurci aujourd'hui par une tendance anarchique destructrice de tout progrès passé et à venir, et le peuple, caressé dans ses instincts, dans ses désirs, résistera difficilement aux suggestions qu'on lui prodigue de toutes parts. Les socialistes de toutes les nuances sont unis aux révolutionnaires les plus inintelligents et les plus pervers ; ils font appel à tous les instincts soit d'envie, soit de convoitise, ils promettent toutes les félicités, toutes les joies, et, adns un monde où tout bien n'est que l'œuvre du temps et du travail, on dit à un peuple qui s'ignore lui-même, qui ignore les conditions de l'existence d'une société : Lève-toi, frappe et détruis ; tu anéantiras ainsi le talisman qui t'attache à une vie de douleur.

La société, sans nul doute, doit s'engager dans

une route nouvelle, les découvertes modernes la poussent dans une autre voie. La mission d'un gouvernement intelligent est de l'aider dans l'œuvre de transformation qui doit s'accomplir ; mais il n'appartient à personne de lui tracer les règles qu'elle suivra, de dicter les rapports qui s'introduiront entre les hommes. Ces rapports se forment avec le temps, par suite d'une direction générale que la société se donne elle-même, plus ou moins laborieusement, suivant l'habileté de ceux qui sont appelés momentanément à la diriger. Chercher à prévoir ces changements, c'est l'œuvre de la science; chercher à les provoquer par la violence, c'est le fait d'une folie orgueilleuse et insensée, sinon de passions odieuses et spoliatrices. La société marche forcément, fatalement vers le but que Dieu lui a assigné, et si l'homme peut provoquer chez elle bien des douleurs par des résistances intempestives, il n'en produira pas de moins cuisantes par des tentatives folles pour conquérir, avant que l'heure ait sonné, les résultats que la Providence lui réserve.

Étudier le monde moderne dans sa marche, dans ses progrès, partir des progrès accomplis pour en obtenir de nouveaux, voilà la mission de l'homme d'État, voilà la véritable tâche que le socialisme s'était donné et qu'il vient de déserter.

VI

CHAPITRE SIXIÈME.

CONCLUSION.

Nous l'avons déjà dit, les socialistes ne passionnent pas les masses par leurs systèmes; ce qui le prouve, c'est que le seul socialisme compris par la généralité du peuple est le communisme. Encore cette honteuse conception n'est-elle adoptée que par quelques ouvriers des villes ; car, dans les campagnes, le petit cultivateur comprend le socialisme comme l'amoindrissement de la fortune plus considérable de son voisin et le partage des champs qu'il possède. Les socialistes séduisent les populations en s'adressant à leur imagination, en faisant luire à leurs yeux un avenir brillant. Aux ouvriers placés au centre des plaisirs et du luxe des villes, ils disent : Vous monterez dans ces riches équipages, vous vous asseyerez dans ces théâtres, vous danserez à la clarté de ces mille lumières, vous vous reposerez sur ces étoffes soyeuses. Avec les campagnards qui aiment la terre, ils s'expriment autrement ; ils leur promettent l'agrandissement de leurs héritages, les moyens de remplacer leurs cabanes par des maisons plus belles, un travail moins long, car tout le monde travaillera ; il n'y a de véritable travail que celui des bras, Dieu n'en reconnaît pas d'autre. Ces chimères, prêchées à des hommes qui aspirent à les voir se réaliser, les enflamment facilement ; ils se croient sur le point de les saisir, et, malheureuses victimes de leurs illusions, ils ne tardent pas à toucher la misère. La richesse s'éloigne d'eux sitôt qu'ils veulent étendre la main pour la prendre, et ils marchent, ils marchent toujours, comme ces malheureux poursuivant dans le désert des lacs à eau limpide qui se présentent sans cesse à leurs regards éteints et à leurs bouches altérées.

La richesse ? Mais il faut bien peu en connaître les éléments pour s'imaginer qu'elle ne s'amoindrira pas au point de disparaître, lorsqu'il s'élèvera de toutes parts des clameurs contre les propriétés individuelles, lorsque partout il se dressera des obstacles contre l'accumulation des produits par un travail intelligent. Ah ! la richesse ne s'enfouit pas ; il n'y a que des hommes sans pensées ou des hommes criminels qui puissent expliquer d'une manière aussi insensée ces malaises affreux qui frappent une nation, et répandent sur elle le fléau de la misère.

Les nations antiques, sauf quelques rares exceptions, ne connaissaient guère que la richesse qui s'attache à la terre. Elles n'étreignaient pas, comme les peuples modernes, toutes les mers; elles n'étendaient pas leurs bras d'un pôle à l'autre. Les richesses territoriales étaient à peu près les seules qui créassent des revenus constants, et, lorsqu'un grand malheur fondait sur ces nations, lorsqu'une guerre, lorsqu'une commotion politique les bouleversait, les richesses qui constituaient le bien-être général se ressentaient à peine de la crise. En est-il de même aujourd'hui? Aujourd'hui que l'industrie puise dans sa vie de la veille les moyens de renaître le lendemain; que les mille relations des peuples enfantent partout des projets sur lesquels reste, pendant des années entières, suspendue la fortune ou la ruine ; que des hommes hardis embrassent dans leurs vastes conceptions les productions des divers climats et des peuples semés sur toute la surface de notre globe.

La richesse mobilière et manufacturière a pris de nos jours un développement extraordinaire qui atteste la supériorité de la société moderne sur les sociétés antiques. La principale richesse, aujourd'hui, est celle que l'homme a créée. Consultez le budget des nations ; voyez ce qui leur donne des revenus, ce qui leur donne de la force ; comparez cette île que l'on appelle l'Angleterre, à ces royaumes qui couvrent des continents, et demandez-vous où un peuple si petit à son berceau, si grand dans son expansion sur tout le globe, a puisé les moyens de réduire les nations les plus fières de leur puissance territoriale ? Ouvrez le budget de la France, cette noble rivale de la nation anglaise dans les conquêtes de l'intelligence, et demandez-vous où est sa richesse. Est-ce à son sol si riche et si fertile qu'elle demande les revenus qui constituent sa prépondérance? Non, car sur un budget de quatorze cents millions, le sol lui donne à peine deux cent quatre-vingts millions; tout le reste est prélevé sur le travail producteur de l'homme.

A la moindre commotion, à la moindre menace, l'homme se replie sur lui-même, il ralentit son travail; la richesse mobilière et manufacturière s'affaisse, et les productions du sol, cessant d'être appropriées par l'homme à mille usages différents, perdent de plus en plus de leur valeur. La portion la plus considérable de la richesse nationale étant diminuée en quantité, il y a dépréciation dans la fortune générale du pays, moindre part pour chacun, et par suite misère pour un grand nombre.

Cette conséquence immédiate et instantanée de tout mouvement violent rend fort difficile la direction des nations modernes, car leur marche rapide dans les voies du progrès créant chaque jour des besoins moraux et matériels, ressentis avant qu'il soit possible de les satisfaire, les livre à d'incessantes révolutions. Que faire en présence de l'impuissance matérielle qui nous enchaîne, et jette la société dans des convultions perpétuelles, en paralysant ses forces au moment même où on lui demande de plus grands efforts? Les difficultés s'accumulent, elles se produisent chaque jour plus intenses, et, ce n'est pas en niant des aspirations naturelles, naissant forcément de la généralisation des connaissances humaines, que l'on parviendra à les conjurer?

La démocratie, nous l'avons dit, est le classement de tous les citoyens d'un état d'après les facultés diverses dont Dieu les a dotés. Ce classement, essentiellement variable, doit respecter jusqu'aux positions transmises d'une génération à l'autre, sous peine de briser le cœur de l'homme, de tuer chez lui la plus noble des facultés, celle qui prolonge sa vie en le faisant renaître dans les êtres qu'il aime, en lui présentant comme but de son émulation un temps où il n'existera plus. La démocratie n'est pas tenue de protéger l'homme dans ses faiblesses, de suppléer aux facultés de son intelligence, de l'enlacer dans un cercle qui l'empêche de descendre, comme le faisaient naguère les aristocraties pour quelques individus; mais elle doit s'efforcer de donner à chacun les moyens d'atteindre à la place que son intelligence lui assigne, et faire en sorte qu'il y n'y ait plus d'hommes rivés par l'ignorance ou par des impossibilités matérielles à des existences tellement abaissées, que le cœur cesse de battre, la tête de penser, faute de pouvoir obtenir la nourriture la plus grossière. Jamais société ainsi organisée n'a encore paru dans le monde; mais jamais non plus un peuple tout entier n'a marché comme aujourd'hui vers une sorte d'égalité devant l'instruction, égalité qui ne laissera plus aux prises que les forces intellectuelles ou corporelles, réparties par la nature à chaque homme avec une diversité merveilleuse.

C'est un devoir de la société envers tous ses membres d'éclairer leur intelligence, mais avant qu'elle le remplisse, il faut qu'elle trouve le moyen de satisfaire leurs besoins matériels, afin que cette instruction, en inspirant à l'homme des idées et des désirs inconnus, ne soit pas pour lui le germe d'un tourment qui ne prendrait fin qu'avec la vie. La société ne se modifie que par le lent travail d'une suite de générations. Le but vers lequel elle marche se montre plus distinct tous les jours.

On a parlé d'égalité devant la fortune; mot révolutionnaire jeté au peuple par un homme descendu de négation en négation jusqu'à des idées d'égalité absolue, contre lesquelles proteste malgré lui son immense orgueil. Pourquoi n'a-t-on pas parlé d'égalité devant la force, d'égalité devant l'intelligence? Ces mots correspondent cependant au mot fortune. Des hommes plus conséquents que M. Proudhon ont posé cette hypothèse d'égalité des intelligences, hypothèse plus difficile à vérifier pour des hommes simples que celle de l'égalité des forces. Les hommes dans cette conception ne différant plus entre eux que par l'éducation, l'humanité ne formerait plus qu'un troupeau dont quelques animaux seraient éduqués par le berger.

Ces divagations de l'esprit humain doivent servir d'enseignement, et montrer la nécessité de donner une direction intelligente à la société. Il est impossible de régler tous les rapports qui doivent exister entre les membres d'une grande nation, d'en prévoir toutes les conséquences. Ces rapports se modifient avec le temps, et il n'y a que des hommes ignorant tout ce qui se passe dans la vie, les mille complications apportées dans la moindre affaire par les passions, les diverses manières d'envisager un but et le moyen de l'atteindre, ou bien des hommes pervers jouant avec l'humanité dans un intérêt de satisfaction personnelle et égoïste, qui puissent tracer dans le calme du cabinet les plans d'une société où tout est rangé comme sur un damier.

Le but sérieux vers lequel on doit tendre peut-se caractériser en peu de mots : trouver le moyen de faire leur place à toutes classes de la société qui s'élèvent, trouver le moyen d'augmenter la production de manière que tout homme obtienne la satisfaction, non pas de tous ses désirs, mais de tous ses besoins. Ces besoins varient, comme le développement de l'intelligence ; ils s'agrandissent ou se restreignent suivant que la société elle-même s'enrichit par le travail accumulé des générations, ou demeure stationnaire. L'homme civilisé ne supporterait pas longtemps l'existence du sauvage ; car y a un lien invisible entre l'esprit et le corps, plus l'âme s'ennoblit, plus son enveloppe matérielle devient délicate et fragile.

La démocratie doit résoudre ce problème, sinon elle est condamnée à n'être jamais qu'un vain mot. Le but une fois marqué, nous l'atteindrons, j'en ai la conviction profonde ; mais ce n'est pas en se jetant hors des voies de la science et de l'observation sensée des faits. Quand, dans les arts, on veut arriver à un résultat, on se met au travail : le premier mécanicien meurt à la peine, un second lui succède qui succombe encore, puis un troisième, puis enfin arrive le moment où l'œuvre est accomplie. Ces mécaniciens représentent les générations qui se lèguent les unes aux autres une tâche inachevée, et par conséquent de rudes labeurs et de grandes souffrances. Chacune des civilisations qui se sont succédé sur le globe, ont eu leur cachet particulier. La société moderne porte l'empreinte d'une puissance inconnue avant elle : les mers sillonnées sans le secours des vents ; les distances, parcourues autrefois en plusieurs jours, franchies aujourd'hui en quelques heures ; les nouvelles portées d'un peuple à l'autre en quelques secondes, toutes ces immenses découvertes font plus que jamais de l'homme le roi de la création. Les villes n'ont plus besoin de s'asseoir sur les bords des fleuves, l'homme n'est plus obligé par son instinct de sociabilité de s'entasser dans un étroit espace ; à lui la terre dans toute son étendue. Il peut s'établir au milieu d'une luxuriante nature, y transporter son industrie, y vivre à la fois et de la vie des champs et de la vie des villes, car, à une distance immense, les campagnes liées entre elles par des communications rapides, ne formeront bientôt plus qu'une grande cité. Les peuples antiques s'aggloméraient pour vivre et prospérer ; les nations modernes, ramenées au but de la création par l'emploi de la vapeur, et n'ayant plus à craindre de s'égarer dans leur expansion, s'efforcent de se répandre sur la surface de la terre. Pourquoi ne pas profiter de cette tendance?

Jusqu'à ce jour on a surexcité l'industrie avec une extrême persévérance, on a produit, produit comme si le but de l'homme était de créer sans relâche, comme si le terme corrélatif de cette production incessante ne devait pas être la consommation. La société poussée dans cette voie, où l'on n'avait ménagé aucune issue, a pris le contrepied de sa destinée; supérieure aux anciennes civilisations par sa force de production et d'attraction, elle a voulu se renfermer, comme ses devancières, dans d'étroits espaces, et n'a pas tardé à y étouffer. Les richesses industrielles ont augmenté avec rapidité et ont semé, avec des besoins de plus en plus nombreux, une déplorable instabilité dans l'existence des populations. Le travail de la terre, qui fournit la base même de la vie de l'homme, est resté en dehors des soins qui hâtaient la marche de la société, et n'a pas donné des résultats en rapport avec ceux de l'industrie. Ainsi, d'une part, il y a eu surexcitation de l'imagination par l'industrie, et de l'autre, négligence du moyen de modérer les écarts de cette imagination par le travail de la terre. Il y a eu, d'une part, excès de produits amenant, dans un temps donné, inactivité parmi les populations, avilissement de leur travail; et de l'autre, production médiocre augmentant avec une grande lenteur. Il y a eu, d'une part, accumulation des richesses mobilières dans les villes, richesses qui deviènnent la source de richesses nouvelles, et de l'autre, absence de ces mêmes richesses dans les campagnes.

Étudiez les causes constantes de nos commotions, et vous verrez qu'elles prennent toutes leur origine dans cette direction fatale qui a séparé ce qui devait rester uni, et engagé l'humanité dans une voie fausse, opposée au but qu'elle doit atteindre. En créant les saisons diverses, les jours beaux et les mauvais, la nature a indiqué à l'homme que le travail des fabriques doit se marier aux travaux de la terre, y suppléer, quand ceux-ci sont impossibles. Les découvertes récentes, en abrégeant les distances, ont montré que Dieu en ordonnant pour leur bonheur la dispersion des hommes sur la terre, et en mettant en même temps dans leur cœur l'instinct de la sociabilité, nécessaire au développement de leur intelligence, n'a pas agi en contradiction avec lui-même.

Les hommes d'État doivent tirer parti des découvertes qui ouvrent à l'humanité des voies nouvelles, c'est là leur mission. Il y a des époques de transformation pour les sociétés comme pour les individus ; une de ces époques semble arrivée pour la société française. Les grandes villes industrielles sont devenues des camps permanents de barbares prêts à engager une lutte mortelle avec notre civilisation. Les campagnes inertes ou ébranlées semblent déserter de plus en plus la défense. Les esprits les plus fermes sont troublés, doutent de la légitimité de leur cause. Il n'y a plus de convictions profondes, et la résistance ne trouve d'appui que dans le sentiment de la conservation personnelle.

On a pu, avec de la persévérance, de la suite dans les desseins, créer ce monde industriel qui nous menace aujourd'hui. Les inventions dont on avait besoin et qu'on lui demandait, il les a trouvées ; il est donc temps de disperser ces ateliers, et de mettre à atteindre ce but la même persévérance que l'on a mise à les fonder. La richesse mobilière considérablement augmentée dans les temps modernes, a besoin de s'unir à la richesse immobilière, pour lui emprunter quelque chose de sa stabilité, et lui communiquer un peu de sa mobilité; car les variations extrêmes de la richesse mobilière se traduisent dans la vie de la nation par la misère, et la misère par la guerre. Nous ne nous dissimulons pas les difficultés que l'on éprouvera à changer ainsi la direction de la société. Les préjugés, les habitudes résisteront avec énergie. Il s'agit de déplacer des hommes, ou tout au moins de préparer la génération qui arrive à ce déplacement; cela n'aura lieu sans doute qu'avec de grandes résistances et des souffrances momentanées. Mais ces résistances, il faut les braver, ces souffrances, il faut les supporter, puisque la transformation se ferait sans vous par l'action seule du sentiment de conservation que Dieu a mis dans le cœur des sociétés comme dans celui des individus, et elle s'opérerait au milieu de douleurs immenses, car la lutte s'établirait, non-seulement entre les divers éléments de la société, mais avec le gouvernement; elle serait à la fois une lutte politique et une lutte sociale.

Résister d'une part avec énergie aux ennemis de la société, ne rien négliger de l'autre pour disperser les manufactures dans les campagnes, telle est la mission du gouvernement. L'industrie, nous le répétons, souffrira sans nul doute au premier moment de cette décentralisation ; il y aura augmentation dans le prix de plusieurs de ses produits, moins grande perfection dans le travail ; mais, si à côté de ces inconvénients momentanés on se représente les campagnes vivifiées, et par les capitaux que l'industrie y apportera, et par le génie inventeur qui distingue les populations manufacturières ; si l'on se représente l'industrie devenant peu à peu le complément indispensable de l'agriculture, s'appuyant sur le sol pour donner quelque fixité à des existences sans cesse menacées dans leur lendemain ; si l'on songe aux mille manières d'agglomérer une foule de petits capitaux, et d'attacher un faisceau de propriétaires à un établissement placé sous une direction unitaire, on ne tardera pas à voir se dérouler devant son imagination tout un monde inconnu. Le génie créateur de l'homme, éloigné des travaux agricoles par son impatience d'obtenir un résultat que l'industrie lui promet immédiatement, s'attachera de nouveau au seul fondement solide de toute société, et l'on arrivera ainsi à résoudre le problème de la grande propriété avec un grand nombre de propriétaires; constitution de la propriété qui permettra de tirer parti de toutes les richesses que la nature a réparties sur le sol, de donner à chaque parcelle de terre la destination qui lui est propre, d'appliquer au perfectionnement de la végétation terrestre les conceptions les plus hautes de l'intelligence. La science qui a fait faire des pas de géant à l'industrie, dirigera ses méditations vers l'agriculture, et de vastes exploitations, réunies sous une même direction, lui présenteront un champ d'expériences sans limites. Une fois l'humanité engagée dans cette voie, qu'elle s'efforce d'aborder au milieu de convulsions terribles, les relations des hommes entre eux se modifieront suivant les besoins, suivant les progrès de chaque jour. Ce travail d'exhaussement des couches inférieures de la société, sans abaissement des couches supérieures, s'exécutera d'autant plus paisiblement que la quantité des produits agricoles iront sans cesse en augmentant.

Mais avant que la démocratie se place sur le terrain où elle pourra se développer dans le calme de sa puissance, que d'efforts à tenter, que de luttes à soutenir, que de résistances à briser! Nous assistons, sans aucun doute, à un travail immense de transformation. Comment et quand s'accomplira-t-il? Les nations agricoles ont été les seules où des germes de démocratie aient commencé à apparaître. La terre donne une indépendance qui tient à la fixité du sol lui-même, et crée entre les hommes cherchant à la féconder, une communauté de travaux qui ne tarde pas à faire surgir une sorte d'égalité. La démocratie doit nécessairement, au moment où elle tend à s'établir avec toutes ses conséquences, chercher son point d'appui où elle a essayé de le prendre toutes les fois qu'elle a tenté de naître. Comment y réussira-t-elle? comment le travail agricole, qui est la véritable base de la démocratie, se liera-t-il au travail industriel, qui partout a développé des aristocraties; comment, dans cette fusion, respectera-t-on les fruits du travail de l'homme, sa liberté d'action et de pensée, et les sentiments naturels de son cœur? Voilà le terrible problème posé à la France, voilà ce qui fait dire à tout homme qui pense: La démocratie, c'est l'inconnu.

TABLE DES MATIÈRES.

www.ingramcontent.com/pod-product-compliance
Ingram Content Group UK Ltd.
Pitfield, Milton Keynes, MK11 3LW, UK
UKHW020224220726
13923UKWH00002B/504

9 782019 275631